ACRO
POLIS
衛城
出版

U0007421

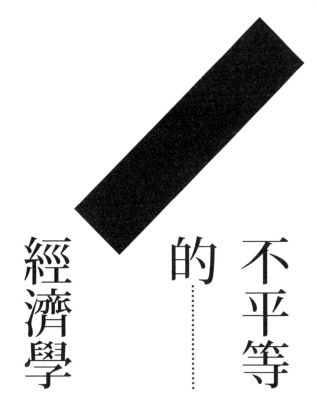

# 不平等的經濟學

# 的

# 經濟學

## L'économie des inégalités

### Thomas Piketty

托瑪·皮凱提————著　　陳郁雯—譯

# 目 次

# 致讀者

　　本書第一版於一九九七年撰寫完成並出版。之後歷經多次再版及修訂,目前是二○一四年修訂的第七版。不過要特別說明的是,本書整體架構自一九九七年以來並沒有改變,書中主要使用的也是當時的研究成果及文獻。尤其是過去十五年間針對財富分配不均的歷史動態進行的跨國研究,並未完全納入本書。讀者如有興趣進一步瞭解這些歷史研究的細節與啟示,請上網參考「全球高所得資料庫」(World Top Incomes Database,WTID)與我的著作《二十一世紀資本論》。

# 引言

政治衝突總是環繞著貧富不均與重分配的問題。如果簡化一點，可以說歷來政治衝突的核心不脫以下兩種立場的對立。

一方面，強調自由的右派立場告訴我們長期來看只有市場的力量、個人的行動、生產力的成長才能確實改善所得與生活條件，對那些最底層的人來說更是如此。因此政府的重分配措施不僅應該限於一定的幅度，更重要的是必須盡量使用對市場機制的良好運作干涉最少的手段。傅利曼（Milton Friedman，1962）提出的稅收與移轉性支付制度（負所得稅）便屬此類。

另一方面，傳統的左派立場繼承了十九世紀的社會主義理論以及工會的操作經驗，主張只有社會與政治的抗爭能夠使資本主義經濟體系下的弱勢者減輕負擔，關於政府的重分配措施也與右派相反，主張要直搗生產過程的核心，重新檢討市場力量如何決定了資

本家能獲得的利潤，以及如何造成受薪者內部的不平等。可能的做法包括生產工具的國有化，或設立一套法定薪資標準，而不是收收稅、發發社會福利金就滿足。

　　首先，左右派的對立讓我們看到，兩方之所以對合宜的政府重分配措施及其具體形式有不同意見，並不必然是因為彼此的社會正義原則相矛盾，而是因為兩方對造成不平等的政治與經濟機制的分析結果是對立的。對於某些社會正義的基本原則，兩方其實有一定的共識：如果不平等是（或部分是）出自個人無法控制的因素，例如因家族繼承或得到意外之財，造成期初資本的不平等，這與個人是否努力無關，那麼由政府設法找到最有效的方式來改善條件最差之人的處境（也就是這些人必須面對最不利的不可控因素），便是正當的。當代的社會正義理論將這樣的想法稱為「最大化最小值原則」（maximin principle），亦即理想的社會應該致力將社會體系中的最低生活條件與機會最大化。正式提出這個原則的是科爾姆（Serge-Christophe Kolm，1971）及羅爾斯（John Rawls，1972），不過在更早之前，類似的概念已經以不同的形式出現，例如一種廣泛接受的傳統觀念認為，應該保障所有人都擁有盡可能廣泛的平等權利。真正的爭執往往在於如何能最有效地使最弱勢者的條件真正改善，以及每個人擁有的權利範圍有多大，而不在於抽象的社會正義原則。

　　只有對造成不平等的社會經濟機制予以詳細分析，才能正確理解這兩種關於重分配的對立觀點，也才可能進一步勾勒出更為公平有效的重分配制度。本書的宗旨即在介紹相關研究的現狀，希望能有助於達成此一目的。

前面舉左右派之爭為例，主要是想說明不同類型的重分配以及不同的重分配工具之間有多大的差異。究竟是應該讓市場和價格機制自由運作，只要透過稅和稅所支應的移轉性支付來進行重分配就好，還是應該從整體上改變市場力量造成不平等的方式呢？在經濟學家的語彙中，這種對立代表著單純重分配（redistribution pure）與有效重分配（redistribution efficace）的不同。單純重分配適用於市場均衡達到柏瑞圖效率（efficace au sens de Pareto）的情況，此時生產和資源配置已經無法再調整，可以讓任何人進一步得利而不損及其他人，但是要達成基本的社會正義，必須在處境最好的人和最差的人之間進行重分配。有效重分配則適用於市場不完全競爭的情況，此時可以直接介入生產過程，設法改善資源分配的柏瑞圖效率，同時追求公平的資源分配。

在今日實際的政治爭議中，單純重分配與有效重分配的對立經常和另一組概念混淆，也就是小幅度的重分配對上幅度較大的重分配。不過，傳統的左右對立隨著時間變得更為複雜。例如，左派有些人主張建立所有人都適用的「公民基本所得」（revenu minimum de citoyenneté），由稅金支付而不直接干涉市場運作，這與傅利曼的負所得稅只有程度上的差別。所以大致說來，重分配的工具和重分配的幅度這兩個問題未必要混在一起。本書希望能說明，這兩個問題應以不同的方式討論，因為各自的考量和回應都大不相同。

為了進一步探討，我們首先要瞭解當代不平等現象的歷史變化與幾個數量級，如此可以清楚知道重分配與不平等的相關理論必須注意的重要事實（第一章）。第二章和第三章將介紹對於造成不平

等的機制的重要分析，我們一方面會著重不同理論的思想之爭背後
的政治因素，另一方面也指出是哪些已知或可知的事實造成理論的
分野。第二章首先要處理的是資本與勞動之間分配不均的問題，這
項基本的不均等對十九世紀以來社會問題的分析研究意義重大。接
著第三章將討論勞務所得的不均等，這可說已成為當代不平等研究
的核心，如果過去還不是核心問題的話。探討過這些之後，就可以
回到最重要的課題，也就是重分配的工具及條件的課題，並提出更
深入的思考（第四章）。我們會特別討論法國的不均現象與重分配
政策，但是既有的研究和資料並不多，尤其是一九九〇年代法國社
會對失業與社會斷裂等問題有相當多的公共討論，相較之下這個課
題的資訊與研究都十分匱乏，因此有些地方只能勉強藉助針對其他
國家（例如美國）的研究，以說明、確認或反駁所提及的理論。

# 1 | 如何衡量不平等的<br>程度與演變

今日的不平等程度有多大？一個國家當中，窮人與富人之間的所得差距是一比二、一比十、或一比一百？這些差距數值要怎麼和其他時代與其他地區的不均程度做比較？一九五〇年、一九〇〇年或一八〇〇年的差距數值也一樣嗎？就業方面的不平等，是否在一九九〇年代成為西方國家最主要的不平等現象？

## 不同的所得類型

家庭所得有哪些不同的來源呢？在表一中，我們將二〇〇〇年法國約二千四百萬家庭的收入區分為薪資、自營作業所得（農人、商人、自由業等的收入）、退休金、其他移轉性所得（家庭補助金、失業補助金、最低生活救濟金等），以及資本所得（股利、利

息、租金等）。

　　表一告訴我們的是什麼？第一，全體家庭所得有 58.8% 來自薪資。再加上 5.8% 的自營作業所得，全體家庭所得有接近三分之二屬於所謂「就業所得」（revenu d'activité）。第二，社會福利收入占全體家庭所得的 30% 以上，其中超過三分之二屬於退休金。第三，資本所得只占全體家庭所得的 5% 左右。然而眾所皆知，資本所得的申報經常不確實。根據企業和銀行機構提供的股利及利息數

### 表一：法國家庭所得類型，二〇〇〇年

|  | 薪資 | 自營作業所得 | 退休金 | 移轉性所得 | 資本所得 |
|---|---|---|---|---|---|
| 平均值 | 58.8 | 5.8 | 21.3 | 9.5 | 4.6 |
| D1 | 17.9 | 1.7 | 43.2 | 34.2 | 3.1 |
| D2 | 30.0 | 2.3 | 44.6 | 20.7 | 2.4 |
| D3 | 38.3 | 2.9 | 40.8 | 15.1 | 2.9 |
| D4 | 44.3 | 2.7 | 35.7 | 14.3 | 3.1 |
| D5 | 50.6 | 2.6 | 28.9 | 14.6 | 3.4 |
| D6 | 58.4 | 3.6 | 22.0 | 12.4 | 3.6 |
| D7 | 63.3 | 3.4 | 19.8 | 10.4 | 3.2 |
| D8 | 66.5 | 3.3 | 18.7 | 7.6 | 3.9 |
| D9 | 68.6 | 4.6 | 16.6 | 5.6 | 4.6 |
| P90-95 | 70.2 | 7.0 | 13.4 | 4.1 | 5.3 |
| P95-100 | 63.6 | 16.4 | 8.4 | 2.9 | 8.8 |

解說：「D1」代表前 10% 最貧窮的家庭，「D2」代表接下來 10% 的家庭，以下類推。「P95-P100」代表前 5% 最富裕的家庭，「P90-P95」代表接下來 5% 較不富裕的家庭。薪資平均占全國家庭所得總額的 58.8%，在前 10% 最貧窮的家庭所得中平均占 17.9%，在次 10% 的家庭中平均占 30%，而在 5% 最富有的家庭所得中平均占 63.6%。
注：自營作業所得包含農業收入、工業與商業收入，以及非商業收入。移轉性所得包含家庭補助金、失業救濟金、最低生活救濟金（RMI）⋯⋯等等。家庭獲得的資本所得或資產孳息，包含股利、利息、租金等。所有收入皆不計入社會福利扣繳（cotisation sociale）、一般社會捐（CSG）或社會債償還捐（RDS）。
資料來源：「二〇〇〇年家庭收支」調查，法國國家統計與經濟研究院（INSEE，由本書作者自行計算）。

字，國民經濟會計帳計算的結果是，資本所得在全體家庭所得中的占比高達 10%（INSEE，1996b，p. 26-29）。總之，所有資料都指向同一結論：在總體家庭所得中，就業所得至少是資本所得的六至七倍之多。這是所有西方國家所得分布的共同特徵（Atkinson 等，1995，p. 101）。不過，不論 5% 或 10%，這個數值都低估了資本所得在整個經濟體與社會中的分量，因為一大部分的企業資本所得並沒有分配給持有這些企業的家庭（參見本書第二章，第 51 至 54 頁）。

　　對一個窮人和一個富人來說，不同所得來源的比重自然不同。為了區分不同的所得群體，使用十分位的概念很有幫助：在表一當中，我們將所得分布的第一個十分位標記為 D1，代表所得最低的百分之十的家庭；第二個十分位標記為 D2，代表接下來百分之十的家庭，以此類推，直到第十個十分位，也就是標記為 D10 的群體，代表所得最高的百分之十。為了描述得更精細，我們也使用百分位來劃分：第一個百分位代表最貧窮的百分之一家庭，以此類推，直到第一百個百分位。利用這種標準可以劃分出人口的次群體──以二〇〇〇年的法國來說，每一個十分位代表二百四十萬個家庭，每一個百分位代表二十四萬個家庭──據此可以計算各群體的平均所得。請不要混淆平均所得跟所得上限，後者是兩個所得群體間的分界處，用字母 P 來表示。例如，位於 P10 這個所得上限以下的家庭，占全部的百分之十；位於 P90 這個所得上限以下的家庭，占全體的百分之九十，其餘同理。在表一中，P90-P95 代表的群體是第九十個百分位的所得上限到第九十五個百分位的所得上限之間的所有家庭，也就是第十個十分位的前半部；同理，P95-P100

代表第十個十分位的後半部，也就是最富有的前百分之五。

　　從表一可以看到，D1 的家庭主要是沒什麼錢的退休人士和失業人士：平均來說，薪資只占他們收入不到 18%，社福所得則占了將近 80%。收入愈高，薪資在總收入中的占比也會愈高，群體中退休和失業者的比例則愈來愈少，到了收入最高的前百分之五家庭（即 P95-P100），薪資占比才會略為下降。這個群體的所得有一大部分是由資本所得還有非薪資性質的就業所得構成。非薪資性質的就業所得介於勞務所得和資本所得之間，因為它包含了農人、醫師、商人勞動所得的報酬，也包含了他們投資的資本帶來的報酬。不過薪資所得對富裕家庭而言也占了不少分量，不論用何種方式計算，前百分之五的富裕家庭得到的薪資皆遠高於資本所得。要進入更高的所得階層，薪資的重要性才會逐漸降低（Piketty，2001）。

## 薪資不均

　　至於一向占家庭所得最大部分的薪資收入，又是如何分布的呢？表二所呈現的是二〇〇〇年法國私部門全職受薪人員的薪資不均現象，這個群體包含了一千二百七十萬人口。

　　薪資最低的百分之十受薪者，所領取的都在法定最低薪資（SMIC）上下，也就是說，二〇〇〇年法國 D1 群體的平均薪資為每月 890 歐元。至於薪資中位數則為 1,400 歐元，標記為 P50，也就是有 50% 的受雇者的薪資低於這個數字。這個數字高於第五個十分位的平均薪資，也就是 1,310 元，因為第五個十分位指的是

## 表二：法國的薪資不均情況，二〇〇〇年

| | 月薪（歐元） | | |
|---|---|---|---|
| 平均值 | **1,700** | | |
| D1 | 890 | 900 | P10 |
| D2 | 1,100 | | |
| D3 | 1,110 | | |
| D4 | 1,210 | | |
| D5 | 1,310 | 1,400 | P50 |
| D6 | 1,450 | | |
| D7 | 1,620 | | |
| D8 | 1,860 | | |
| D9 | 2,340 | 2,720 | P90 |
| D10 | 4,030 | | |

解說：「D1」代表前 10% 薪資最低的受雇者，「D2」代表接下來 10% 的受雇者，以下類推。「P10」代表分隔 D1 和 D2 的薪資界限，「P50」是分隔 D5 和 D6 的薪資界限，「P90」是分隔 D9 和 D10 的薪資界限。前 10% 薪資最低的受雇者每月薪資皆低於 900 歐元，平均月薪為 890 歐元，前 10% 薪資最高的受雇者每月薪資皆高於 2,720 歐元，平均月薪為 4,030 歐元。

注：月薪指私部門全職工作的受雇者所領月薪，不含獎金，不計入社會福利扣繳、一般社會捐或社會債償還捐。

資料來源：社會統計年報（DADS），INSEE（2002，p. 10）。

P40 到 P50 之間的群體。薪資中位數低於平均薪資（二〇〇〇年是 1,700 元），因為薪資較高這半段的薪資分布總是比較低的那半段要高出許多，所以那些高額的薪資會將薪資的平均值拉高至中位數以上。另外，薪資最高的前百分之十族群每月至少賺 2,720 歐元，平均薪資則是 4,030 歐元，幾近前一個十分位，也就是 D9 群體薪資平均值（2,340 歐元）的兩倍。

　　P90 和 P10 的比值是很好的指標，可以幫助我們瞭解薪資不均的整體概況。P90 代表進入第十個十分位的下限，P10 代表第一個十分位的上限。以二〇〇〇年法國薪資不均的情形為例，P90/P10

的比值相當於 2,720/900，也就是 3。換句話說，要進入薪資前百分之十的群體，薪水至少要是薪資最低的百分之十受雇者的三倍高。請不要將這個指標跟 D10 和 D1 的比值混淆，後者是以最高百分之十受雇者的平均薪資除以最低百分之十的平均薪資，根據這個定義得出的數值自然會比較高，以法國的例子來說相當於 4,030/890，也就是 4.5，代表薪資前百分之十的群體平均獲得的報酬是最低百分之十群體的四點五倍。利用表二，我們也可以算出前百分之十受雇者的薪資總額在整體中的占比：既然 D10 的平均薪資是全體平均薪資的 2.37 倍（4,030/1,700=2.37），且 D10 在定義上指全體受薪人員的十分之一，則這個群體占有全體薪資總額的 23.7%。

除了以最高十分位和最低十分位的差距做為指標，還有其他指標可以說明薪資分布的不均等，例如吉尼（Gini）係數、泰爾（Theil）指數和艾金森（Atkinson）指數（Morrison，1996，p. 81-96）。不過使用十分位的指標，例如 P90/P10、D10/D1、P80/P20 等等，始終是最簡單易懂的。P90/P10 指標的優點是許多國家都有較可靠的數字，因此本章將在多處引用這項指標。

為了對薪資不均有更全面的瞭解，我們也要討論公部門的薪資（包括國家、地方自治團體、公營事業）。在法國，四百一十萬公部門全職受雇者的平均薪資比私部門稍稍高一些，薪水的差異則小得多，例如國家公務部門的 P90/P10 指數只有 2.6（INSEE，1996d，p. 55）。

### 跨國比較

前述法國的薪資差距 P90/P10 指數為 3，那麼其他國家的薪資不均程度也是如此嗎？表三列出了一九九○年經濟合作暨發展組織（OECD）十四個成員國的 P90/P10 指數。

從表上可以看到，根據 OECD 的數據計算，法國一九九○年的薪資差距為 3.1 倍，正好落在各國的中間值：德國和北歐國家的薪資差距大約是 2.5 倍，也有低如挪威的 2 倍、瑞典的 2.1 倍和丹麥的 2 倍；英美國家則在另一端，英國的 P90/P10 指數為 3.4，加拿大為 4.4，美國則達到 4.5。表三當中所有國家的數字都只根據全職受薪人員計算。之所以強調這點是有意義的，因為若計入兼職人員（二○○○年的法國大約有三百一十萬人），P90/P10 指數必定會更高。例如在 OECD 的統計中，美國特別計入所有短期勞工（salarié intermittent）或兼職人員，根據這種算法，一九九○年美國的 P90/P10 指數達到 5.5，若是依 OECD 對其他國家的做法

**表三：從P90/P10比看一九九○年OECD國家的薪資不均**

| | | | |
|---|---|---|---|
| 挪威 | 2.0 | 葡萄牙 | 2.7 |
| 瑞典 | 2.1 | 日本 | 2.8 |
| 丹麥 | 2.2 | 法國 | 3.1 |
| 荷蘭 | 2.3 | 英國 | 3.4 |
| 比利時 | 2.3 | 奧地利 | 3.5 |
| 義大利 | 2.4 | 加拿大 | 4.4 |
| 德國 | 2.5 | 美國 | 4.5 |

解說：在德國，要進入前 10% 最高薪階層的最低薪資，是進入前 10% 最低薪階層最高薪資的二點五倍。

資料來源：OECD（1993，p. 170-173）；美國資料：Katz 等著（1995，fig. 1）。

（OECD，1993，p. 173），也就是只計算全職員工，則指數只有 4.5
（Katz 等著，1995，fig. 1；Lefranc，1997，tabl. 1）。總的來說，表
上各國的 P90/P10 指數都分布在 2 或 2.5 至 4.5 之間，對這些發展
程度相距不遠的國家而言，已是相當驚人的數字。

## 所得不均

　　受薪者內部的薪資不均，如何轉換成家庭所得不均呢？運算過
程相當複雜，因為我們必須加上自營作業者（在二○○○年的法國
有三百萬人）的非薪資性就業所得、社會移轉性所得、以及資本所
得，而由於單位是家庭，所以必須將受僱者、非受僱者及其子女放
在一起計算。表四便是以這種方式針對二○○○年的法國計算出的
結果。

　　法國家庭的平均月所得為 2,280 歐元，其中百分之十的家庭只
有 790 歐元，卻有百分之十的家庭所得超過 4,090 歐元，也就是說
P90/P10 指數為 5.2，而僅就薪資計算的 P90/P10 指數則為 3。前百
分之五最富裕的家庭所得都高於 5,100 歐元，平均月所得達到
7,270 歐元。

　　家庭所得不均比受僱者薪資不均更加嚴重是相當普遍的常態現
象，而在二○○○年的法國，由於許多家庭陷入失業困境而顯得雪
上加霜，不過這種不均程度的差異通常是以其他因素來解釋。

　　首先，非薪資性質的就業所得，以及特別是資本所得的分布情
況，比薪資更不平均。一般而言，前百分之十最富裕的家庭獲得的

**表四：法國的所得不均，二〇〇〇年**

| 每月所得（歐元） | | |
|---|---|---|
| 平均值 | **2,280** | |
| D1 | 540 | 790 | P10 |
| D2 | 930 | 1,070 | P20 |
| D3 | 1,190 | 1,330 | P30 |
| D4 | 1,480 | 1,610 | P40 |
| D5 | 1,760 | 1,920 | P50 |
| D6 | 2,080 | 2,240 | P60 |
| D7 | 2,430 | 2,630 | P70 |
| D8 | 2,880 | 3,150 | P80 |
| D9 | 3,570 | 4,090 | P90 |
| P90-95 | 4,520 | 5,100 | P95 |
| P95-100 | 7,270 | | |

解說：請參照表一和表二。前 10% 最貧窮的家庭每月所得皆低於 790 歐元，平均所得為 540 歐元；前 5% 最富有的家庭每月所得皆高於 5,100 歐元，平均所得為 7,300 歐元。
注：算法為年所得除以十二，所得包含薪資、自營作業所得、退休金、移轉性所得和資產孳息。不計入社會福利扣繳、一般社會債或社會償債還捐，但其他直接稅不在此限（如所得稅、居住稅）。
資料來源：「二〇〇〇年家庭收支」調查，INSEE（由本書作者自行計算）。

資本所得占全體家庭資本所得的 50%，這和前百分之十的富人持有的全部財富對全體財富的占比相同，相對的，前百分之十高薪人士的薪資總額只占全體的 20% 至 30%，隨國家不同（二〇〇〇年的法國為 23.7%）。資本所得在全體所得中的占比則不高，這解釋了為何在二〇〇〇年的法國，最富有的前百分之十家庭的收入只占了全體家庭所得的 26%。財富的極大不均，比所得與薪資的不均程度要嚴重許多，卻鮮少有人討論。財富不均的現象，不能只用過去或現在的所得不均來解釋，因為還有一大部分是儲蓄與積累行為的差異所致，與所得不均無關──具體來說，法國國家統計與經濟研究院的羅利菲耶（Stéfan Lollivier）和費傑（Daniel Verger）認為就

一九九二年的法國而言這個因素占了一半以上（Lollivier 與 Ver-
ger，1996）。圍繞著財富不均的各項難題，解釋了不平等程度的評
估為何總是以所得和薪資不均為主。

　　不過所得不均總是明顯比薪資不均嚴重的主要原因，完全是另
一回事：這是因為收入低的家庭大多是沒什麼錢的退休人士，家庭
組成通常只有一個人，不像高收入家庭一般都有兩人以上，家中有
兩份薪水，加上受扶養的子女。如果我們不是根據家庭所得來計算
P90/P10 指數，而是根據依家庭人數調整過的家庭所得來計算，也
就是根據生活水準而非所得本身的數額來衡量不均的程度，計算的
結果會是 4.3 到 4.4，而不是 5.2，視所使用的調整尺或換算尺而定
（INSEE，1996b，p. 16）。如果我們關心的是家庭實際可支配所得
的不均等情況，就必須考慮所得稅的影響，而表四並未納入這一
點。如果納入計算，P90/P10 的比值會再減少 10%，因為以所得在
P90、也就是月收入 4,090 歐元的家庭而言，應繳納的所得稅平均
為所得的 10%，而收入在 P10 的家庭不用繳納所得稅（INSEE，
1995，p. 19；關於稅收和移轉性支付的重分配效果，請見第四
章）。這樣一來，根據依家庭人數調整過的可支配所得計算出的
P90/P10 指數會在 3.5 到 4 之間，只比薪資不均的程度高一些。

## 跨國比較

　　3.5 到 4 倍的 P90/P10 差距與其他國家相比是如何呢？麻煩的
是，比起薪資不均，要跨國比較家庭所得困難多了，因為在不同國
家往往很難找到完全一致的所得分類。不過盧森堡所得研究中心

（Luxembourg Income Study, LIS）大膽投入了一項建立跨國比較資料庫的計畫，並在 OECD 的委託下於一九九五年完成一份所得不均的跨國研究（Atkinson 等，1995）。

表五中呈現的 P90/P10 指標代表可支配所得的差距，也就是各種稅和移轉性所得都計入後，再依家庭人數調整後的差距，因此法國的數字是 3.5 而非表四中的 5.2。同時，OECD 的統計使用的是一九八四年的稅務資料，而不是取自二〇〇〇年的「家庭收支調查」（Budget de famille）。從中可以看到，和薪資不均一樣，各國家庭所得不均的情形也可分為兩極：一組是北歐國家（含德國、比利時、瑞典、挪威），他們的薪資差距在 2 到 2.5 之間，所得差距則在 2.7 到 3 左右，另一組是英美國家，他們的薪資差距在 3.5 到 4.5 之間，所得差距則在 3.8 到 5.9 之間，其中差距最大的仍然是美國，達到 5.9 倍。至於法國，剛好又位在中間。

### 表五：從P90/P10比看一九九〇年OECD國家的所得不均

| 瑞典 | 2.7 | 英國 | 3.8 |
| --- | --- | --- | --- |
| 比利時 | 2.8 | 義大利 | 4.0 |
| 挪威 | 2.9 | 加拿大 | 4.0 |
| 德國 | 3.0 | 美國 | 5.9 |
| 法國 | 3.5 | | |

解說：在瑞典，要進入前 10% 富裕階層的最低所得，是進入前 10% 最貧窮階層最高所得的二點七倍。

注：本表中 P90/P10 指標計算的基礎為已依家庭人數調整之可支配所得（Atkinson 等著，1995）。

年份：1984（德、法），1985（澳），1986（美、義、挪、英），1987（加、瑞典），1988（比）。

資料來源：盧森堡所得研究中心（LIS），Atkinson，Rainwater 與 Smeeding（1995，p. 40）。

對於已開發國家以外的國家，要把它們提供的幾種不均指標和上述數據做比較，是極為困難的工作。然而各種資訊都顯示各國情形天差地別：南美國家的不均程度比最不均等的歐美國家還高，至於大部分的亞洲國家與最落後的非洲國家，所得不均的差距普遍與不均等程度最低的歐美國家相等或更低（Morrison，1996，p. 145-172）。同樣困難的是與共產國家比較不均程度，因為它們實物報酬的情形很普遍，不容易用貨幣衡量。從可取得的指標來看，共產國家實際的所得差距應該與資本主義國家的平均值很接近，且普遍比差距最小的資本主義國家來得高（前揭書，p. 140）。

## 不均程度的時空差異

上述的計算結果，僅限於同一個國家、同一時點，將前百分之十窮人的上限與前百分之十富人的下限相比，得出 3 倍的薪資差距或 4 倍的所得差距，如果比較的是一個西方人在一九九〇年和一九〇〇年的差距，或是在一九九〇年一個西方人和一個印度人的差距，這樣的數值是否會顯得微不足道？表六說明一八七〇年到一九九四年間法國高階白領和工人的購買力平均值，以一九九四年的法郎幣值為計算基準，已將消費物價的變動考慮在內。

使用這些數值的時候一定要小心：當我們回溯過去，綜合性的生活成本指標就顯得問題重重，因為消費的模式會大幅改變。不過數值的大小程度還是有代表性：在一八七〇年到一九九四年之間，工人的購買力增加為原來的八倍左右。所有西方國家的生活水準，

**表六：法國不均現象的跨時比較，一八七〇至一九九四年**

|      | 工人    | 雇員    | 中階幹部 | 高階幹部 |
|------|---------|---------|----------|----------|
| 1870 | 960     |         |          | 4,360    |
| 1910 | 1,760   |         |          | 6,820    |
| 1950 | 2,200   | 2,615   | 3,740    | 7,330    |
| 1994 | 7,250   | 7,180   | 10,740   | 20,820   |

解說：本表為不同社會地位及職業類別之人口每月平均薪資淨額在一九九四年的購買力，
貨幣單位為法郎。
資料來源：一九五〇年及一九九四年的資料，來自社會統計年報（DADS），INSEE
（1996a，p. 44, 56）。
一八七〇年及一九一〇年的工人薪資，來自 Lhomme（1968，p. 46）。
一九一〇年和一九五〇年的銜接，薪資部分根據 Kuczynski 整理的資料序列做成，物價部
分則根據《法國統計總覽》（Statistique Générale de la France，SGF）的資料做成（INSEE，
1994，p. 142, 152）。工人和高階幹部的薪資差距在一九一〇年是 3.9，一八七〇年則是
4.6，是根據粗工（manœuvre）、具備一定教育程度的工人和高階幹部間的差距計算得出
（參見 Morrison，1991，p. 154）。

都在上一個資本主義世紀當中出現這樣的顯著提升。例如美國工人
的時薪從一八七〇年到一九九〇年間增加了十一倍，也就是平均每
年成長 2%（Duménil 與 Lévy，1996，chap. 15），如果計入全年工
作時數的減少，法國的成長幅度也大致如此。

　　一個西方人的購買力在一八七〇至一九九〇年間出現了十倍的
差距，程度和一九九〇年一個中國人或印度人和一個西方人平均所
得的差距幾乎相同，甚至還小了一些，這是根據目前所能取得最可
靠的購買力估算結果（Drèze 與 Sen，1995，p. 213）。用人均國民
生產毛額計算的差距（經常為 4 到 5 倍）其實沒有太大意義，因為
是用當時的匯率換算成西方國家的貨幣，很難真實呈現購買力的差
距。將富裕國家與貧窮國家的平均生活水準相比，所得出的十倍差
距，才是比較接近實情的。

　　總結而言，我們可以說同一個國家前百分之十的富人與後百分之十的窮人之間不平等的程度，用 P90/P10 指標來表現的話是 3 到 4。十九世紀末與二十世紀末生活水準的差距比這個數值高二至三倍，富國和窮國的差距也是高出二至三倍。換句話說，這兩類的不均並非無法相互比較，即使其中一類的數值的確比較另一類來得高。

## 不均現象的歷史演變

　　同一個國家當中富人與窮人 3 到 4 倍的差距，或是富國與窮國之間 10 倍的差距，這個數字究竟會維持不變？還是會增加或減少？

　　對馬克思和十九世紀的社會主義理論家而言，雖然他們不是以這種方式衡量經濟不平等，他們就這個問題的回答卻很肯定：資本主義體系的邏輯會不斷加重兩種對立的社會階級、也就是無產階級和資產階級之間的不均等，這不僅會發生在工業化國家的社會內部，在富國與窮國之間也是如此。這樣的推測很快就引發論戰，即便在社會主義圈也是如此。伯恩斯坦（Edward Bernstein）在一八九〇年代就認為，人類社會將走向無產階級化（prolétarisation）的主張是不成立的，因為現實已經改變，社會結構愈來愈複雜，財富也散布至社會上愈來愈廣的階層。

　　不過，一直要到第二次世界大戰後，才真的有研究證實十九世紀以來西方國家的薪資與所得不均已經減輕。根據這些研究也產生

了新的推測。其中最著名的是顧志耐（Simon Kuznets），他認為普遍來說，隨著經濟發展，經濟不平等會呈現鐘形曲線：在第一階段，不平等會隨著傳統農業社會走向工業化和都市化而日漸增加，第二階段則是穩定期，接著不平等的狀況會明顯下降（Kuznets，1955）。威廉森（Jeffrey Williamson）對英國的研究（1985）以及他與林德特（Peter Lindert）對美國的研究（1980），特別詳細探討了經濟不平等在十九世紀升高、然後從十九世紀下半葉開始下降的變化。以美國來說，前百分之十富人擁有的財富總額在一七七〇年左右約占全體的 50%，至十九世紀末提高到 70% 至 80% 之間，達到最高點，之後在一九七〇年重新回到 50% 左右，也就是當代財富不均的一般水準。從目前可取得的資料看來，所有西方國家都有類似的現象。

　　然而，針對法國與美國的最新研究顯示（Piketty，2001；Piketty 與 Saez，2003；Landais，2007），經濟不平等在二十世紀大幅降低並非經濟發展的「自然」結果。所謂不平等的降低只限於財產方面（薪資差距則未見降低的長期趨勢），而且主要是因為一九一四至一九四五年間，財富持有者遭受戰爭、通貨膨脹、經濟大蕭條等一連串重創所致。此後，財富與資本所得的集中就再也不曾回到第一次世界大戰前那樣令人咋舌的程度了。二十世紀重要的稅制改革可以提供很好的解釋。一九一四年創設的累進所得稅與一九〇一年創設的累進遺產稅，牽制了大筆財富的積累與重建，使我們不至於回到十九世紀那樣的收租者社會。如果今日的社會是一個經理人的社會，也就是說高所得階層大多數是以勞務所得維生的

圖一：法國收租者的終結和薪資階層的穩定現象，一九一三至二○○五年

前1%高所得階層在全體所得中的占比
前1%高薪階層在全體薪資總量中的占比

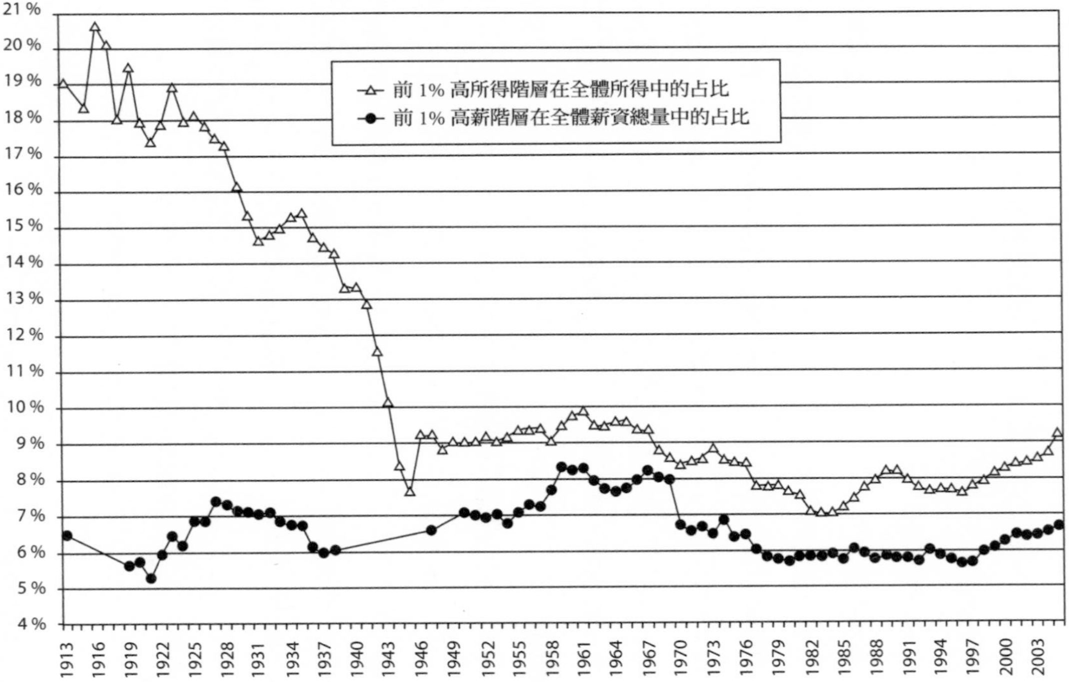

資料來源：Piketty（2001）、Landais（2007）。

人（而非以過去累積的資本孳息維生的人），上述的歷史背景和相關制度便是最大的因素。顧志耐法則是特定時代背景的產物，這些背景因素有可能會逆轉，歷史還沒有走到盡頭。

### 從歷史大法則到不確定因素

　　顧志耐曲線將經濟發展與不平等程度的增減變化緊密結合起來，但是一九八〇年代的研究顯示西方國家的經濟不平等自一九七〇年代又開始惡化，終於為這套理論帶來致命的一擊。顧志耐曲線的逆轉，象徵著為不均現象建立宏觀歷史法則的路線已經告終（至少暫時如此），同時促使研究者將焦點轉向不同時點可能加重或減輕不均現象的各種複雜機制，在分析上也轉趨小心謹慎。

　　表七呈現的是一九七〇年代之後，西方國家薪資不均的變化。不均程度明顯惡化的只有美國與英國，但是在一九八〇年代，所有國家的薪資差距都不再下降，最多只能持平。西方國家和發展程度較低的國家之間因此出現差異，因為在發展較低的國家並沒有發生同樣的變化（Davis，1992）。至於美國，薪資差距的 P90/P10 比在一九七〇至一九八〇年間提高了大約 20%，接著在一九八〇至一九九〇年間又提高了 20%，在整段期間內提高了近 50%，有鑑於薪資不均改變的速度通常相當緩慢，這樣的增幅顯得十分可觀，也讓美國的薪資不均回到戰間期的水準（Goldin 與 Margo，1992）。至於財富不均，到一九七〇年為止是減緩的，但在上述起伏之後，自然又重新走向上升之路了（Wolff，1992）。

　　英國的狀況大不相同，他們的薪資不均程度在一九七〇年時很

**表七：從P90/P10比看一九七○年後薪資不均的擴大**

|  | 1970 | 1980 | 1990 |
|---|---|---|---|
| 德國 |  | 2.5 | 2.5 |
| 美國 | 3.2 | 3.8 | 4.5 |
| 法國 | 3.7 | 3.2 | 3.2 |
| 義大利 |  | 2.3 | 2.5 |
| 日本 |  | 2.5 | 2.8 |
| 英國 | 2.5 | 2.6 | 3.3 |
| 瑞典 | 2.1 | 2.0 | 2.1 |

解說：在一九七○年的美國，要進入前10%高薪階層的最低薪資，是進入10%低薪階層最高薪資的三點二倍，到一九九○年則提高為四點五倍。
資料來源：德、義、日、瑞典資料：OECD（1993，p. 170-173）。法國資料：INSEE（1996a，p. 48）。英、美資料：Katz等著（1995，fig. 1）。

低，跟斯堪地納維亞國家的程度相近，到了一九七○年代的後五年稍稍上升，在一九八○至一九九○年之間 P90/P10 比值上升了將近 30%，因此到了一九九○年代英國已經和美國並駕其驅，成為不均程度最高的地方。北歐國家的不均程度並無明顯增加，P90/P10 比值在 2 到 2.5 之間，雖然仍可見極小幅度的上升。法國的狀況則相當特別，因為一九七○年時法國的薪資不均是西方國家中最嚴重的，但是在隨後的十年間快速下降，一九八○年代和一九九○年代則保持穩定，不過一九八三、八四年之後略為上升：從數字上來看，法國的 P90/P10 比值在一九八四年達到 3.1 後，繼續在一九八四至一九九五年間升到 3.2（INSEE，1996a，p. 48）。也就是說，經過七○年代之後美國的薪資分配才變得比法國更不均等，而英國要到八○年代末期、九○年代開始，才在不均的程度上超越法國一點點（見表七）。和法國相較之下，義大利一開始的不均程

度低得多，不過就七〇年代到九〇年代整體而言，薪資不均變化的歷程和法國十分相似：其不均程度在七〇年代至八〇年代初期這段期間明顯下降，但 P90/P10 比值從一九八四年起開始上升（Erickson 與 Ichino，1995）。

### 從薪資到所得

　　此處我們又遇到一樣的狀況：與薪資不均的演變相比，對於所得不均演變的計算衡量比較沒那麼確實。但是藉助於盧森堡所得研究中心的資料，我們得以描繪出 P90/P10 比值的大略變化，以說明家庭可支配所得（已配合家庭人數調整）的不均程度（Atkinson 等著，1995，p. 47）。我們看到的是，所得不均惡化的國家，薪資不均也惡化了：美國的 P90/P10 比值在一九七九至一九八六年間由 4.9 增加到 5.9，英國則由 3.5 增加到 3.8。反之，北歐國家的惡化程度較輕，挪威從 2.8 升至 2.9，瑞典從 2.5 升至 2.7，如同這些國家薪資不均惡化的程度一般，只是微微揚起。同樣的，法國 P90/P10 比值經歷了一九七〇年代的劇降後，自八〇年代初期便穩定維持在 3.5。從九〇年代初起，可以看到法國 P90/P10 比值略有上升的跡象，雖然到 1996 年為止，統計數字仍然相當接近「統計顯著性的最低界限」（INSEE，1996b，p. 36-37）。對所有西方國家而言，不均指數逆轉回升是不爭的事實：在八〇至九〇年代，各國的所得不均和薪資不均一樣，都不再減低，而薪資不均回升的國家，其所得不均也明顯升高。顧志耐曲線已經完全失靈。

　　話說回頭，我們也不宜將所得不均的一切變化當作是直接反映

薪資不均的變化，雖然薪資不均確實發揮了主要的作用（Gott-schalk，1993）。舉例來說，一九七〇至一九九〇年間美國家庭所得不均程度的增加，可說有一半是由於同一家庭成員間的所得相關性增加，也就是說主因在於愈來愈多高收入的人和高收入的人結婚，而最底層的家庭經常是由單親媽媽及其扶養的子女所組成（Meyer，1995）。另一個重點是，西方各國的累進稅制和移轉性支付制度自一九七〇年代以來各有不同的調整，但美國和英國的政策導致薪資不均走向惡化，相對的，其他國家的政策卻能避免事態擴大。論者經常將美國和加拿大互相比較，因為兩國的差異相當明顯：這兩個國家的勞動市場和薪資不均的演變十分近似，但是加拿大的家庭所得 P90/P10 比保持在 4 左右，而美國卻從 4.9 一路升到 5.9（Atkinson 等著，1995，p. 47）。我們無法用簡單的理由來解釋，但是兩國在租稅與社會政策上的不同是這個現象的主要原因（Card 與 Freeman，1993）。

### 就業不均

從更廣泛的層面來說，如果用所得與薪資的 P90/P10 指數頗為穩定來總結一九七〇年代以來一個國家（如法國）不均程度的演變，顯然是錯誤的。如果家庭可支配所得的差距在不少國家都相對穩定（例如在法國），這不過是因為在失業者不斷增加的同時，移轉性支付制度成功補足了大部分的就業所得損失。如果沒有這些移轉性支付（失業救濟金、最低生活救濟金等），所得不均的演變就會和英美國家一樣，即使薪資差距看起來一樣穩定：例如法國自

一九七〇年代末期以後，勞動年齡的人口內部（而非實際受雇勞工之間）的所得不均便顯著增加，幅度與英美國家相同（Bourguignon 與 Matinez，1996）。勞務所得不均的真實程度，不論是以就業不均或薪資不均的形式呈現，對所有西方國家而言，從一九七〇年代之後都出現差距日漸擴大的情形。

我們是否真的可以這樣劃分，說英美國家經濟不平等的現象主要是薪資不均的擴大，而其他國家主要是就業不均的擴大？官方數字給了我們這樣的想法，因為根據政府提供的資料，一九九六年美國的失業率是 5.6%，英國是 7.5%，之後明顯下降，而德國的失業率為 10.3%、義大利為 12.1%、法國為 12.2%（亦即約二千五百萬勞動年齡人口〔包含受雇者、自營作業者與失業者〕當中，有三百萬失業人口。見 OECD，1996，A24）。一九九〇年代末經濟的大幅成長，使得各國失業率都明顯下降，也使國與國之間的差距未曾得到檢討：二〇〇〇年，美國的失業率是 4%，法國是 10%（OECD，2000）。斯堪地納維亞國家倒是得以不落入這樣的區分，他們的薪資不均並未增加多少，失業率也始終有限（瑞典在一九九六年是 7.6%，二〇〇〇年為 6%）。

這種比較方式的問題在於，「失業」的概念只能描述低度就業現象的一部分。例如在一九七〇年代初的美國，低階勞工大量退出勞動市場，官方統計也沒將他們算進經濟活動人口，與社會上其他群體相比，這項演變完全是由於低薪工作機會的萎縮（Juhn 等著，1991；Topel，1993）。眾多的勞動年齡人口被排除於勞動市場之外，卻沒有被計入統計上的失業人口。監獄人口大幅攀升便是這項

演變的一種極端展現。一九九五年美國監獄的在監人口是一百五十萬，但在一九八〇年不過五十萬，而針對二〇〇〇年的預測收容人數則是二百四十萬（Freeman，1996）。這一類的低度就業被官方的統計忽視，但這不只是一則趣談，因為一百五十萬的在監人口相當於美國一九九五年勞動年齡人口的 1.5% 左右，同一年度，法國有六萬在監人口，相當於勞動年齡人口的 0.3%。誠然，我們不該妄想藉由薪資不均的演變就能一口氣徹底解釋美國七〇年代以來犯罪行為的變化，但是很顯然，在一九九五年的美國要當一名模範無產者，比在一九七〇年困難多了，因為當時薪水最低的前百分之十所能獲得的薪水，比最高的後百分之十劇降了將近 50%。

　　據此，我們能得到的結論便是美國低度就業的實際情形應該與其他面對失業危機的歐洲國家一樣高。不過這個說法可能還是不符事實，因為很遺憾的，這種被掩蓋的低度就業現象並不是美國才有：在歐洲，它以別的形態存在，不那麼明顯但往往更加棘手，如同在一九九六年的法國，在勞動年齡內的人只有 67% 被正式計入經濟活動人口，美國則是 77%，英國有 75%，而德國只有 68%，義大利只有 60%（OECD，1996，A22）。這個以投入勞動市場的比率計算的指標並不完美，因為它涉及各種複雜的現象，例如女性與提前退休者投入市場的情形，但還是說明了一部分的事實。舉例來說，大家都知道在法國必須創造一個以上的工作機會，通常要接近兩個工作機會，才能讓失業人口的數字減少一人，因為得到這些工作機會的人有一部分並不屬於官方認定的經濟活動人口，但是當適合的工作機會出現時，他們有能力進入勞動市場。「非自願兼

職」（temps partiel subi），也就是那些非全職工作但還在尋求更多工作時數的人口，在法國也急速成長中（CSERC，1996，p. 50）。這些不確定因素意味著，想要正確衡量今日社會最根本的不平等現象（亦即就業不均），我們的能力尚有諸多不足之處。

# 2 | 資本所得與勞務所得的不均等

　　自工業革命以來，尤其是馬克思的著作問世之後，研究社會不平等和重分配的問題不免先從幾組對立的概念著手，例如勞動與資本、利潤與薪資、雇主與受雇者。因此不平等被描述成擁有資本（也就是生產工具）的人和向他們領薪水的人，也就是沒有生產工具、只能靠勞動換取報酬的人之間的不平等。由此可以推論，不平等的根源是資本持有的不均。此一基本的不平等關係中的兩極，也就是資本家和勞工，往往被視為內部同質的群體，至於勞務所得之間的不平等則被視為次要。「不平等基本上就是勞資不平等」，這種觀念深刻影響了我們思考和理解重分配的方式，不僅在過去如此，在未來也是，甚至在並未廢除私有財產制的國家也一樣。

　　勞資不平等受到特別關注，一點也不令人訝異。透過一個簡單的事實就能瞭解：資本家從生產的報酬中也能分得一部分，這和社

會正義的基本原則相矛盾，也馬上帶來重分配的問題：為什麼繼承一筆資產的人可以得到那些只繼承勞動力的人無法得到的報酬？本書在引言曾經提到單純重分配和有效重分配這一組概念，以此為前提，如果市場沒有無效率的問題，那麼將資本所得單純重分配給勞務所得顯然相當合理。將資本單純重分配給勞工，幅度應該要多大，又該採用何種工具呢？這種重分配的歷史，以及資本與勞動之間所得劃分的歷史，又能給我們什麼啟示呢？

　　不過，勞資間的重分配之所以成為問題，並非只出於社會正義的考量。是否可以說，個人之間或國家之間資本分布的不均不僅不正義，也欠缺經濟效率，因為這種不均會不斷自動衍生，讓最貧困者無力投資也難以追上那些鉅富？如果答案是肯定的，則何種有效的重分配工具才有助於對抗這種不均？

## 總體所得中的資本占比

　　問題看似很簡單：假設一國的產出來自於一定數量的資本（機器、設備等）加上一定數量的勞動（工作時數），那麼總體所得當中，資本所得（指企業和資本所有人獲得的利潤和利息）的占比以及勞務所得（指勞工獲得的薪水）的占比該如何劃定？政府的重分配政策又該如何調整此一相對占比？這個問題，尤其是價格體系在所得的勞資分配上扮演的角色，引起非常激烈的思想論爭與政治衝突，在經濟學家之間更是如此。

## 資本／勞動替代的問題

首先讓我們假設某國的生產技術可以用經濟學上的「固定係數」來表示，也就是多少資本量配合多少勞動量能創造多少國內產出。例如：要生產一單位的財貨，必須使用一單位的資本和 n 單位的勞動。換句話說，如果要讓一臺機器正確運作，需要的勞工數量就是 n 個，不多也不少。

在這樣的情況下，勞動與資本的所得界定純粹是分配上的問題：只需要將一單位的產出分配給兩種生產要素，亦即資本和勞動，也就是機器的所有人和那 n 個勞工，而和生產過程本身無關。如果從總體經濟的層次，也就是整個經濟體的層次看生產要素的選用，則市場力量和價格體系對於資源配置（allocatif）沒有任何影響，因為不論企業為每一單位的資本或勞動付出多少價錢，終歸要一臺機器和 n 個勞工才能生產出一單位的財貨。再說，工作機會的總量是固定的，因為這完全取決於資本存量，也就是該經濟體的生產能力有多少。如果沒有任何重分配的政府措施，則勞動與資本的所得占比取決於工會的協商能力、雇主是否有能力回應夠多的要求等等條件，或更廣泛地說，取決於當時勞資雙方的勢力大小。對這裡的討論而言，重要的事實是資本或勞動的價格對於產出量和工作機會的數量沒有任何作用。勞動與資本的所得占比純粹是分配（distributif）的衝突而已。

在這種情境下，討論如何進行勞資重分配便沒有意義了，因為沒有尋找重分配工具的問題。只要增加企業付給勞工的薪資，就等於將所得重分配給勞方，例如可以提高法定最低薪資，或是當工會

要求加薪時正面回應，或是增加針對資本課徵的稅賦以做為移轉性支付的財源，使勞工受惠（或減少勞工的稅賦）。不論是透過薪資與利潤實現的直接重分配，抑或是透過稅捐與移轉性支付實現的租稅重分配，都不直接影響企業的所謂「初次分配」（distribution primaire），這兩種重分配工具的效果完全相同，因為需要使用的資本量和勞動量固定不變，產出的整體水準也固定不變。

自然，想要保持企業和資本家投資與累積資本的意願與能力，以此增加經濟體未來的產能，這種顧慮會導致勞工期望的勞資重分配幅度受到限制。之後我們會討論這種阻力的影響有多大，不過凡是想要減少資本在總體所得中的占比，不論是透過直接重分配還是租稅重分配，都會遭遇這種力量。既然勞資所得占比的劃分純粹是分配的問題，那麼分配的方式便無關緊要，分配的結果才重要。

**資本／勞動替代的概念** —— 如果生產過程中資本和勞動的比例可以改變，得到的結論就不一樣了。現在假設使用一單位的資本不一定要 n 個勞工，並且假設提高勞動的數量時，生產量還是可以提高一些，因為有些機器做的工作也可以由勞工完成。再擴大一點來看，即使在某家企業、就一定的生產技術而言，一臺機器如果超過 n 個勞工操作就會降低經濟效率，但其他企業或是經濟體內其他產業使用的技術仍然可能是資本密集度較低而勞力密集度較高的。舉例來說，比起工業部門，服務業一般而言需要的勞動量較多而資本量較少，如果服務業愈來愈壯大，即使資本存量不變，整個經濟體的工作機會還是會成長。因此，用勞動替代資本（或相反）的可能性並不單純取決於技術層面，更重要的是，它也反映了一個社會的

生產及消費模式的結構轉型（參見本書第 61 至 62 頁）。

　　從總體經濟的層次來看，如果資本和勞動之間可以替代，資本和勞動的價格體系就會具有重要的資源配置作用，可以決定這兩種生產要素使用的數量，這和固定技術係數的情況完全相反。進一步來說，在市場經濟的架構下，企業可以不斷雇用新的勞工，只要賺進的錢比付出的成本多，也就是只要勞動的邊際生產力（定義是：使用的資本量不變時，每增加一單位勞動可獲得的額外產出）能高於勞動的價格，而價格指的是企業為了增加一單位的勞動必須支付的各種成本（薪資、社會福利扣繳、獎金等）。

　　資本也是如此。資本的價格也是取決於企業為了增加一單位的資本而必須支付的成本（以股利和利息形式給付給資本持有人的報酬、資本的折舊和維護等等）。按照前面的邏輯，如果勞動的價格低於資本的價格，則勞力密集的產業會比資本密集的產業容易成長，因為產品價格低廉，消費者對勞力密集的產品需求就會成長（反之亦然）。換句話說，在市場經濟下，生產過程所使用的資本量和勞動量、更不用說生產量和工作機會，都取決於資本和勞動的價格水準，因此價格扮演的角色不單單只是所得分配（distributif），還有影響資源配置（allocatif）的功能。

　　以這種方式思考勞資所得的相對占比與價格體系之角色，其基本設想是企業所使用的資本量與勞動量會依據相應的價格而不斷調整，也就是以生產要素的邊際生產力為出發點。在一八七〇年代，邊際學派的經濟學家第一次明確提出此一觀點，與之對立的十九世紀古典經濟學家則有李嘉圖（David Ricardo）和馬克思，他們的推

論似是預設了依照固定係數的技術環境，因此可用的資本存量完全決定了該經濟體的生產能力和就業水準，而勞資之間的所得占比也只是單純的分配衝突。古典學派理論和邊際學派理論在勞資所得占比劃分上的矛盾，在一九五〇和六〇年代因「兩個劍橋之爭」而再度浮現：英國劍橋的經濟學家認為勞資所得相對占比的劃分主要是分配問題，並強調協商實力的作用，美國麻州劍橋的經濟學家則主張資本和勞動的價格具有資源配置之作用，尤其以索洛（Robert Solow）致力研究的總合生產函數（fonction de production agrégée）為其大成，說明從總體經濟的角度，資本和勞動可能以不同的數量相互替代。

　　**「直接」重分配還是「租稅」重分配？**──如果資本和勞動可相互替代，這會對重分配措施帶來哪些後果呢？如果我們嘗試提高企業付給每個受雇者的薪資，也就是提高勞動的價格，來將資本的所得重分配給勞動，這可能會讓企業和整個經濟體都減少勞動的使用並增加資本的使用，導致工作機會減少，勞動在總體所得中的占比提升將會比原本薪資調高的程度還低。重要的是，租稅重分配不會帶來同樣的後果（參見前文）：如果我們課稅的對象是企業收益，或企業支付給資本持有人的資本所得，那麼所得重分配給勞工的形式可能就會是移轉性支付或降稅，效果和加薪相同，且不會增加企業需支付的勞動價格，因此也不會啟動前述那種不利勞動者的資本／勞動替代。

　　兩種重分配模式最根本的差異，在於以不同的方式計算企業應撥給重分配的金額：如果採用直接重分配，企業撥給重分配的金額

會與雇用的勞工數量成比例；如果採用租稅重分配，企業應撥付的金額只和收益的多寡有關，與需要投入的資本量和勞動量無關。也就是說，租稅重分配可使企業支付的勞動價格和勞工收到的價格區分開來，一方面重分配所得，一方面維持了價格體系的資源配置功能。相對的，若採用直接重分配，這兩種價格一定是相同的，因此在重分配的同時，也必然對資源配置造成不良的影響。

由這段推論可知，對重分配工具的探討有必要和重分配幅度的探討區分開來：無論想要的重分配幅度有多大，租稅重分配都比直接重分配更好，前提是在一個市場經濟體系底下，且資本和勞動間有替代可能性。同時這也讓我們瞭解，單純重分配的各種工具彼此並不相同，有一些工具的經濟效率比較理想，因為它們能以同等程度改善勞工的生活水準，卻不會導致就業機會減少。這段討論給予我們最主要的啟示是，要判斷重分配工具的效果，不能只看付錢的人是誰，也必須考慮實施之後會為整個經濟體系帶來怎樣的後果。

同理，以稅收和移轉性支付為基礎的各種重分配工具也不盡相同：我們不能只看由誰繳納某項稅捐，就推論某種重分配措施會造成何種影響。應該研究的是課徵某項稅捐會產生何種租稅歸宿。舉例來說，企業為每個員工支出的社會福利扣繳等於是提高勞動價格，除非企業以降低薪資的方式來彌補增加的社福扣繳支出，讓勞資重分配的效果消失殆盡。另一方面，若是提高針對企業收益或企業支付給資本持有人的利潤所課徵的稅賦，對企業而言並不會增加勞動的價格，卻可以和社會福利扣繳一樣，在財源上支應相同的社會福利支出或移轉性支付，而且更符合經濟效率。以重分配是否有

效的角度來看，企業所付出的稅金會帶來不同的效果：如果希望稅
捐確實由資本負擔，則課徵的數額必須依據投入的資本量或資本獲
取的所得而定。

這一串推論的邏輯也說明了當代經濟理論的一項基本結論：如
果單純重分配背後的論據來自單純社會正義的考量，而非假設市場
失靈，那麼這種重分配應該透過稅捐和移轉性支付達成，而非試圖
左右價格體系。這個觀念處處可見，舉其中一點來說，用移轉性支
付進行重分配可以讓最弱勢的群體有能力面對物價上漲，這比建立
物價管制制度更有利於經濟，因為物價管制有可能導致物資短缺
（pénurie）和配給制（rationnement）的出現。我們將在分析勞務所
得的不均與重分配時再次討論這個觀念（參見第三章）。

**資本／勞動替代彈性的概念** ——僅就勞資重分配而言，比起直
接重分配直接左右價格體系，租稅重分配顯得比較理想，然而此一
結論適用的範圍取決於勞資可替代的程度有多大，亦即價格體系資
源配置的作用有多強。沒有人認為資本和勞動之間完全不可能替
代。問題在於，從總體經濟的角度，資本和勞動投入量能有多少種
組合，資本和勞動價格又如何限制了組合的可能性，這些條件綜合
起來是否足以讓租稅重分配確實優於直接重分配？又是否足以說明
探討勞資重分配工具的問題確實有其道理？其實，如果勞資可替代
性很低，那麼直接重分配的優點在於清楚和簡單：畢竟若可以直接
要求企業照我們認為公正合理的比例來劃分勞資雙方的所得，目的
就達成了，何必要讓市場決定資本所得和勞動所得各該是多少？何
必要為了重分配設計一套複雜的課稅和移轉性支付制度？

　　為了衡量勞資替代的程度和價格體系的資源配置作用，經濟學家使用勞資替代彈性這個概念。勞資替代彈性的定義是，當資本價格相對於勞動價格上升了 1%，相較於投入的勞動量，企業會減少投入多少百分比的資本量。勞資替代彈性不僅呈現企業的個別決定（例如，如果勞動價格提高，公司可能會辭退員工，反之亦然），更重要的是呈現這些個別決策對於總體經濟的影響（例如，如果勞動價格提高，可能導致勞力密集產業的發展速度和新聘員工的數量成長得比較慢，反之亦然；參見前文）

　　替代彈性高代表這個經濟體只要有需要，可以很容易用勞動取代資本（或是用資本取代勞動），此時我們會說資本勞動替代彈性極高。如果替代彈性高於 1，那麼薪資增加 1% 就會使投入的勞動量減少超過 1%，使得勞動在總體所得的占比下降。如果彈性等於 1，代表這兩種效應剛好平衡，如此一來不論勞動或資本的價格如何，勞動在總體所得的占比會保持不變。這正是柯布—道格拉斯（Cobb-Douglas）生產函數所描述的情形。柯布和道格拉斯兩位學者在一九二〇年代提出這組生產函數，他們在研究美國與澳洲企業的薪資／利潤分拆比例後，認為這組生產函數能夠正確說明他們所觀察到的現象（參見一九七六年道格拉斯逝世後刊登於 Journal of Political Economy 的理論回顧）。稍後將討論一九九〇年代的研究成果和觀察到的事實如何確證上述分析（參見後文）。相反的，若替代彈性小於 1，便與固定技術係數的情況十分接近，也就是說，只要不符合一臺機器配 n 個勞工的規則，資本和勞動的邊際生產力就會快速下降，因此一旦勞動價格上漲，資本在總體所得中的占比就

會減少、勞動的占比則會增加。推到極端，如果係數是完全固定的，也就是替代彈性為 0，此時一臺機器必須配上 n 個勞工的比率完全不能改變。那麼勞資所得的占比劃分就會變成純粹的分配問題與古典理論所描述的分配衝突（參見前文）。

　　一九八〇年代到九〇年代歐洲遭受失業潮衝擊，引發諸多討論，使得資本勞動替代彈性的問題成為政治議題。許多觀察家都認為，大幅增加勞動稅賦（尤其是社會福利扣繳）以及減少資本稅賦（降低對利潤所課的稅、減免多種資本所得的稅賦），應該是造成歐洲自七〇年代以後失業人數提高的一項因素，因為這造成勞動成本增加，而使企業傾向投入較多的資本和較少的勞力，或者至少減低了企業增加勞力投入的誘因，形同懲罰勞力密集產業的發展。因此有一些人建議將一部分稅賦從勞動轉移到資本上，例如不要根據薪資總額，而是根據企業獲得的利潤，來向企業課徵雇主扣繳金（cotisation patronale）。也有人建議擴大薪資扣繳的基礎，將資本所得納入，如此可減少對勞動的稅賦，例如法國的一般社會捐（CSG）。這些方案操作上是否可行，完全取決於勞資可替代性的量化數值大小。如果勞資替代彈性很高，上述方案確實可以提供社會支出所需的同等資金並創造工作機會，因此也能夠達成更有效的重分配。但是如果彈性很低，這些稅改方案便無用武之地。假如我們真的希望讓資方承擔更多，與其開發新的稅捐來取代社會福利扣繳，為何不提倡加薪呢？工作機會根本不會受到影響，因為職缺是固定的。

　　**資本供給彈性**──由此可見，勞資替代彈性是研究勞資重分配工具的關鍵指標。可惜這項指標無法幫助我們推測勞工群體期待的

重分配幅度。事實上，直接重分配和租稅重分配一樣，必須考量到勞資重分配對未來經濟體中資本存量的影響。一旦總體所得中資本所得的占比下降，不論原因是資本稅提高或企業付出的勞動價格提高，都可能壓縮企業投入新投資項目的餘裕，也會減少人們儲蓄和將存款投資於事業的誘因。

　　勞資重分配對儲蓄和資本積累的實際影響有多大？傳統極端立場認為影響非常大，因此不要縮減資本所得才是對勞工最有益的，畢竟任何一種勞資重分配都會讓資本存量減少而導致勞動生產力與薪資跟著減少，就算重分配是透過租稅手段來進行移轉性支付也一樣（Judd，1985；Lucas，1990b）。在這樣的情況下，一種對社會正義的務實觀點（引言提到的羅爾斯式最大化最小值原則）認為，國家不應該推行任何勞資重分配措施，不論是直接重分配或租稅重分配，因為任何企圖減低不平等的作為，最終會傷害到最弱勢的群體，造成不正義的結果。所以政府的重分配措施應該針對勞務所得的不平等，不要碰觸勞資不平等的問題。

　　這樣的情境在邏輯上是可能的，但是還沒有實證研究能夠確證。學者使用「資本供給彈性」（élasticité de l'offre de capital）的概念來衡量上述效應的程度。資本供給指的是所有家庭選擇將存款投資於企業的量，資本供給彈性呈現的是當資本報酬率下降 1% 時，資本供給會下降多少百分比。不過，實證資料計算的結果顯示，一般而言資本供給彈性皆趨近於零：因為人們想為將來謀求穩定且足夠的所得，便藉由更多的儲蓄來彌補資本報酬率的下降，雖然資本報酬率愈低，人們立即消費的傾向愈高，儲蓄和延後消費的傾向愈

低，但維持所得的心理實際上會抵消甚至壓過這樣的現象。用經濟學的語彙來說，就是所得效果彌補了當期消費與未來消費的替代效果（Atkinson 與 Stiglitz，1980，chap. 3-4）。事實上，在一九八〇與九〇年代，雖然利率提高、資本所得稅降低，但此一時期的儲蓄率並沒有特別高，而是相反。當資本供給彈性實際上為零（或極低），也就是可動用的資本存量與重分配的幅度無關（或是影響極小），此時可以透過租稅重分配措施進行最大幅度的勞資重分配，從社會正義的角度也支持這麼做。若是勞資替代彈性大到一定程度，則無法以直接重分配的手段有效達成這麼大幅的重分配，因為這樣會造成工作機會減少（參見前文）。

不過，資本供給彈性的確只能呈現重分配潛在負面效果的一部分，因為在現實中，只有一部分的投資是直接來自於一般人的存款，很大一部分、甚至一半以上的投資是直接來自企業沒有用來發給股東或還給債權人的利潤，因為這種內部投資比招募外部存款的負擔更輕也更有經濟效率。因此我們也必須注意勞資重分配對企業財務結構及內部投資的能力有何影響，才能較全面推算資本供給彈性以及何種重分配的幅度最符合社會正義的要求。

更根本的挑戰在於，即使資本供給彈性真的很低，資本稅的課徵也會面臨困難，因為在今日的世界裡，儲蓄和投資會跨國流動，而各國是獨立決定重分配的幅度，試圖吸引更多的投資。租稅競爭的機制導致資本供給就單一國家而言具有很高的彈性，儘管實際上將所有國家合起來看的資本供給彈性很低。究其根本，國際之間缺乏合作是一大主因，所以一九八〇和九〇年代歐洲各國的資本所得

稅才會明顯減輕。唯有採取財稅聯邦主義，亦即在地理範圍和行政層次上都盡量擴大資本稅的徵收，才可望實現最符合社會正義的勞資重分配。

**我們需求資本家和價格體系嗎？**──如果我們能夠更精確計算勞資替代彈性和資本供給彈性，原則上就能確定最符合勞工需求的勞資重分配工具及其幅度。然而，由此而起的思想論爭與政治矛盾卻不只是彈性的計算問題而已。事實上，這整個思考架構本身隱然預設我們接受市場經濟的規則與價格體系的資源配置功能。這在我們對資本供給彈性的考量上十分明顯（為什麼我們要接受握有資本的人威脅，如果資本報酬率不理想就不會再儲蓄？），在我們對勞資替代彈性的考量上也同樣明顯：為什麼一旦勞動價格上升的幅度超過資本價格，企業就會增加資本的投入、減少勞力的投入？為什麼不禁止企業遣散員工就好？或者就要求資方的個別行為要更加符合就業和社會正義的集體目標，由工作委員會跟機警的大眾一起監督？接受價格體系的資源配置功能，同時主張租稅重分配比起介入市場的直接重分配更好（參見前文），等於是接受只有個別的自利考量能讓一個複雜的經濟體系正確決定如何配置各種資源。那麼，反對這種宿命論，而寄望於其他更具有社會連帶精神（solitaire）的經濟組織形態，正是傳統左派對市場經濟與社會不平等的立場，也是他們對勞資重分配的立場；這份反對與寄望，也讓左派始終懷疑租稅手段是否最有助於達成社會正義。稍後在討論勞務所得不均與重分配時，我們會再看到相同的懷疑態度（參見第三章）。

舉例來說，即使相信勞資替代彈性在總體經濟上其實微不足

道，左派也不願意落入價格體系和租稅重分配的邏輯，這解釋了為
何在一九八○至九○年代的歐洲，很多左派和工會運動人士對於降
低勞工租稅負擔的稅改方案都興趣缺缺，甚至態度尖銳、充滿敵
意。法國規劃一般社會捐時，許多提案得到的就是這類回應（參見
前文）。這些提案都抱持一個想法：如果可投入的勞動量十分龐
大，則勞動價格低廉、資本價格高昂的情況應該能鼓勵企業多雇用
勞力而少投入資本，也應該能刺激消費者多購買勞力密集商品、少
買資本密集商品。如果這個世界上人們所生產和消費的商品與服務
如此多元，也經常難以清楚區分產品有多少歸於資本、有多少歸於
勞動，事情不就自然會如此發展嗎？或者這麼說：價格就像一種訊
號，能將資訊傳遞給不同的經濟主體（acteur），若缺少這種訊號，
資訊傳遞就會產生困難，中央集權式的計畫經濟皆遭遇失敗，原因
就在於此。但這個問題相當複雜，接受個人自利主義的宿命論則相
當悲哀，因此並非所有人都接受這套邏輯。

　　關於價格體系、個人自利，以及其他可能的經濟組織形式的討
論，充滿了過去的事實資料永遠無法徹底回答的各種期望和疑問。
由此可見，這一系列的討論很大程度和勞資替代彈性、資本供給彈
性的實證研究與估算屬於不同層次，更具體地說，和古典理論與邊
際學派對勞資所得占比劃分的討論是不同層次的（參見前文）。但
是這兩種層次的論辯並不總是完全獨立。實際上，勞資替代彈性低
會使價格體系的用處減低（參見前文）。如果資本主義的生產模式
不過是固定資本量和固定勞動量的組合，不過是指派 n 個勞工操作
一臺機器，那為什麼還需要機器的主人呢？如果擁有機器的人不過

是坐收部分利潤，我們也可以將生產工具變成集體公有，消除這種
人的存在。至於儲蓄，只需要從國民所得中課徵足夠的金額，就可
以增加機器存量，再搭配數量相應的勞工，完全不需要用到資本
家。這毫無疑問就是馬克思觀察驚人簡單的資本主義生產模式所得
到的結論。相對的，如果像邊際學派的經濟學家一樣強調資本與勞
動的可替代性，現代經濟體系的複雜性便會成為討論的焦點，同時
也會引入選擇的因素（這是必須由人做的決定）；在沒有其他制度
能解決資源配置難題的情況下，這可以替價格體系和私有財產制辯
護。因此關於勞資替代的論辯看起來經常像是針對資本主義和價格
體系正當性的更一般性的論辯，不論是一八七〇至八〇年代馬克思
和邊際學派的論戰，或是一九五〇和六〇年代的兩個劍橋之爭，都
是如此（參見前文）。

　　不同論辯之間的相互交疊雖然可以理解，卻有誤導之虞。價格
體系是否正當的問題當然不可以簡化成勞資替代的問題，原因很簡
單，價格體系的作用是幫助決定要生產的商品和服務為何，不論總
體經濟層面是否有勞資替代可能性。相反的，勞資替代問題不能直
接套用到勞資重分配應有多大幅度的問題（參見前文）：在市場經
濟體系的前提下，古典理論和邊際學派關於勞資所得占比劃分的爭
論真正的重點在於直接重分配和租稅重分配的對立。

## 短期理論與長期理論的折衷？

　　我們所知的事實，尤其是勞資所得相對占比的歷史，是否能讓
古典理論和邊際學派的爭論找到任何共識？

　　將國民所得、利潤與薪資、資本與勞動這些理論語彙銜接到國民經濟會計帳等統計資料中使用的經驗語彙，多少會遇到困難（參見小專欄）。不過，一旦跨越這些障礙，我們就能在實證資料中清楚看到一種規律性，凱因斯早在一九三〇年就指出這是經濟學當中最可靠的一種規律性。

　　從表八可以看到，三個歷史發展迥異、社會情況更南轅北轍的國家，在長達七十五年的時間中，利潤和薪資的占比基本上都保持穩定：薪資的占比從未降到 60% 以下或超過 71% 以上，大致維持

**表八：美國、法國、英國企業增值中的勞動／資本相對占比，**
**　　　一九二〇至一九九五年**

|  | 美 國 | | 法 國 | | 英 國 | |
|---|---|---|---|---|---|---|
|  | 資本 | 勞動 | 資本 | 勞動 | 資本 | 勞動 |
| 1920 | 35.2 | 64.8 | 33.7 | 66.3 | 38.1 | 61.9 |
| 1925 | 35.1 | 64.9 | 34.9 | 65.1 | 38.1 | 61.9 |
| 1930 | 37.9 | 62.1 | 32.5 | 67.5 | 38.1 | 61.9 |
| 1935 | 32.9 | 67.1 | 30.5 | 69.5 | 35.8 | 64.2 |
| 1940 | 36.9 | 63.1 | 31.3 | 68.7 | 36.3 | 63.7 |
| 1945 | 30.9 | 69.1 |  |  |  |  |
| 1950 | 34.9 | 65.1 | 37.8 | 62.2 | 33.2 | 66.8 |
| 1955 | 34.9 | 65.1 | 34.1 | 65.9 | 32.5 | 67.5 |
| 1960 | 32.9 | 67.1 | 34.4 | 65.6 | 31.2 | 68.8 |
| 1965 | 35.9 | 64.1 | 32.4 | 67.6 | 32.5 | 67.5 |
| 1970 | 30.9 | 69.1 | 33.6 | 66.4 | 32.4 | 67.6 |
| 1975 | 30.9 | 69.1 | 29.7 | 70.3 | 28.3 | 71.7 |
| 1980 | 33.9 | 66.1 | 28.3 | 71.7 | 29.2 | 70.8 |
| 1985 | 34.0 | 66.0 | 32.0 | 68.0 | 32.2 | 67.8 |
| 1990 | 33.8 | 66.2 | 37.6 | 62.4 | 28.2 | 71.8 |
| 1995 | 33.5 | 66.5 | 39.7 | 60.3 | 31.5 | 68.5 |

注：參見小專欄「資本占比之計算」，本書第 52 頁。
資料來源：一九八〇年至一九九五年間：OECD（1996，p. A27）。
一九二〇到一九七五年間：美國資料：Atkinson（1983，p. 202）；Duménil 與 Lévy（1996，統計附錄）。法國資料：INSEE（1994，p. 84-153）（經作者依 cse、ebe、idve、mse 各項資料序列計算得出）。英國資料：Atkinson（1983，p. 201）。

在 66% 到 68% 之間，完全無法看到薪資占比在這段期間有任何系統性上升或下降的「潮流」。至於利潤和薪資的占比，始終不脫資本所得占三分之一、勞務所得占三分之二的比例。

**從增值的占比到家庭所得**——首先我們要說明資本所得和勞務所得各占三分之一和三分之二的比例，與本書第一章提出的家庭所得分布之間有何關連。表八代表勞動與資本原始所得的相對占比，原始所得（revenu primaire）指的是薪資加上所得毛額的總數，其中包含社會福利扣繳（實際上由企業為勞工提撥），再加上利潤的總毛額，或稱為經營利潤毛額（excédent brut d'exploitation），亦即企業支付勞工薪資之後剩餘的總額（參見小專欄）。這和家庭實際可支配所得的分布之間，有十分複雜的關係。舉例來說，表八「勞動」這一欄下的各筆總額，其中有一大部分其實是社會福利扣繳，它們會以另一種形式再度出現，也就是表一中家庭可支配所得下的退休金和社會移轉性支付。更重要的是，企業利潤並未全部都分配給持有股份和債券的投資人：企業會留下利潤毛額的一大部分（通常超過二分之一）來彌補資本折舊（平均占增值的 10% 左右），或進行新的投資，而不必再募集外部資本。

我們也應該考慮到企業獲得的利潤在分給股東之前還需要繳納稅金。不過這個因素的影響有限，因為雖然針對利潤的稅率在大多數西方國家都是 40% 至 50%，利潤稅的稅收卻普遍不超過國民生產毛額的 2.5% 至 3%，甚至在一九九〇年代的法國只有國民生產毛額的 1.5%，即使就資本在增值中的占比而言，法國是高於其他國家的（OECD，1995，p.78）。這是由於應稅利潤的概念比經營

## 如何計算資本占比

要怎麼計算利潤占比和薪資占比呢？企業對消費者和其他企業的銷售所得必須支付三種不同的成本，以下分別說明：

● 中間消費（consommation intermédiaire）：意指企業向其他企業購買的財貨和服務，目的是投入自家財貨和服務的生產。中間消費與機器設備不同，機器設備不需每年更換，是企業資本的一部分。

● 勞工報酬：包含受雇者實際獲得的薪資淨額、社會福利扣繳當中的薪資扣繳（直接從勞工的薪水扣除。薪資淨額加上薪資扣繳即是薪資毛額），以及社會福利扣繳當中的雇主負擔（由雇主繳納）。三者加總，代表勞務所得毛額的總數，簡稱勞務所得。

● 銷售所得扣掉前兩種成本後，剩餘的部分稱為經營利潤毛額（excédent brut d'exploitation，EBE）。一般而言經營利潤毛額比狹義的企業利潤高，因為經營利潤毛額不只用來支付股東的股利，也用來支付貸款利息、利潤稅，以及汰換舊機器設備的費用，也就是資本折舊（dépréciation）或攤銷（amortissement）的費用。以上加總，代表資本所得毛額的總數，簡稱資本所得。

企業增值（valeur ajoutée de l'entreprise）的定義是銷售所得和中間消費成本的差額。因此增值相當於勞務所得和資本所得的總和。我們在計算利潤占比和薪資占比時，計算的其實是

資本所得和勞務所得的占比在增值中各代表多少百分比，換言之，我們略過了中間消費的占比。略過中間消費是完全合理的，因為付給其他企業的中間消費會成為其他企業的勞動和資本所得，所以不可重複計算。

　　直接從資本課徵（例如利潤稅）或從勞動課徵（例如社會福利扣繳）的稅捐，在計算資本所得和勞務所得時已經納入，除此之外，企業還必須負擔其他間接稅，例如商業增值稅（TVA）。應繳納多少商業增值稅，與增值中勞動與資本的相對占比沒有直接關係，所以我們無法將它歸於勞務所得毛額或是資本所得毛額。我們計算利潤占比與薪資占比時，習慣上也會忽略間接稅，也就是說，我們計算的是不含間接稅的增值（亦即按要素成本計算的增值）中勞務所得與資本所得各占多少百分比。如此一來，勞務所得占比與資本所得占比相加就會剛好是 100%，如表八與表九所示。這樣比較容易解讀，畢竟這些稅與資本／勞動所得的相對占比沒有直接關係。

　　最後，另一個令人困擾的問題是如何處理自營事業（農夫、商人、自由業⋯⋯等），因為自營事業的增值既屬於自營者的勞務所得，同時也屬於他們投資的資本的所得，在帳面上無法清楚區別薪資和利潤的不同。如果計算時沒有針對自營事業特別修正，便可能出現（例如）整體增值中狹義的薪資占比從十九世紀以後便明顯增加的結論，而這不過是因為受雇者的比例大幅增加了（Morrison，1996，p. 78）。經濟合作暨發展組織的會計準則依照企業受雇者的平均勞務所得來計算自營者的薪資，本書表八和表九也依照此一準則予以調整。

利潤毛額的概念窄得多，因為在確定應稅利潤之前，企業不只可以扣除預估的資本存量折舊，還可以扣除支付給債權人的利息以及因應可能發生的風險所需要的準備金（provision）……等等。利潤稅的稅基是現代稅制下「漏洞」最多的，家庭資本所得稅的稅基也一樣，因為享有各式各樣的免稅和排除條款。

最後，我們還要考慮一件事：家庭獲得的薪資，也就是表一中「薪資」欄下的數字，有一大部分其實是由政府支出的，而政府財源除了來自資本所得毛額（例如利潤稅），更來自企業的增值總額（例如商業增值稅）。這會產生什麼影響？相較於企業增值中資本與勞動的比例，家庭所得中的薪資占比會因此提高，超過資本所得的占比。據此我們便能理解為何企業增值中有 32% 到 34% 左右屬於利潤毛額，但是家庭實際的資本所得通常只占整體家庭所得的 10% 而已（參見第一章）。

**利潤占比規律性的啟示**——讓我們回到表八。如何解釋利潤占比在不同時空下皆保持穩定的規律現象？先將關於保留盈餘（profit retenue）的理論擱在一邊，此規律性的第一個啟示是，二十世紀受薪者購買力提升的根源絕對不是勞資所得相對占比有所改變。換句話說，並不是社會抗爭和資本家的所得占比減少了，才使得法國工人的購買力在一九二〇至一九九〇年間漲為四倍（見表六），因為就企業增值中的薪資占比而言，不論在一九二〇年還是一九九〇年都差不多一樣是國民所得的三分之二（參見表八）。另一方面，就法國而言，兩次大戰的摧殘和相關用語的不斷更新使得重建一九二〇年以前薪資／利潤相對占比的資料序列難如登天，但美國的統計

資料卻可以回溯到一八六九年，而且十分可靠。這些統計資料顯示，十九世紀薪資的占比一樣是擺盪在 66% 到 68% 之間（Duménil 與 Lévy，1996，chap. 15），表示薪資／利潤相對占比即使過了一百二十年以上仍然沒有劇烈變化，與此同時，薪資卻已經漲到以前的十倍以上！

當然，在這麼長的時間裡，一直都有三分之一的增值進了資本家的口袋，這件事也不可忽視，因為若是把這些所得分配給勞工（包括資本折舊的部分），理應可使薪資平均提高 50%。對某個一八七〇年的工人來說，相較於許多資本家的衣食無缺，他的生活可能十分不堪，薪水多出一半想必生活水準能大幅改善，這點即使搬到一九九〇年也是一樣的。不過我們也必須注意到，50% 的漲幅實際上比一八七〇至一九一〇年間的薪水漲幅還少一半，甚至比一九五〇至一九九〇年之間實際的薪水漲幅少了四分之三（參見表六）。我們很難不去懷疑，如果資本所得占比在一八七〇年或一九五〇年真的為零，那麼一八七〇至一九一〇年間薪資成長100%，或一九五〇至一九九〇年間薪資成長超過 200% 的事情能否發生？儘管我們對這一點的認識很有限，但如果當時有這麼大幅度的重分配，那麼資本供給勢必會減少，因此就勞工的角度而言，最佳的勞資重分配幅度應該要小許多，不過當然還是比實際上的幅度來得大（參見前文）。

**誰來付社會福利扣繳？**——表八的第二個啟示與租稅歸宿（incidence fiscale）的問題有關（參見前文）。事實上，在一九二〇和三〇年代，企業必須負擔的社會福利扣繳數額微不足道，到一九九〇

年代，雇主負擔的社會福利扣繳占法國薪資毛額的 45%，還不說勞工薪資扣繳在薪資毛額中占了超過 20%（參見小專欄）。誰出了雇主負擔的錢？當然不是雇主，因為增值中的勞務所得占比（包含雇主為勞工付的社福扣繳）在一九二○至一九九五年之間並未成長。同樣的，在一九九○年代，美國和英國的雇主負擔比法國輕得多，但是增值中的勞務所得占比在法國並沒有比英、美來得多，而是相反（參見表八）。美國和英國一樣，雇主負擔相對於薪資毛額的費率上限在一九九六年時幾乎不到 10%（美國是 7.65%，英國是 10.2%），同一套費率也適用於勞工薪資扣繳，若將雇主負擔與勞工薪資扣繳合計，則社會福利扣繳的總收入大約是國民生產毛額的 6% 至 7%，在法國卻將近 20%（OECD，1995，p. 79）。如果雇主負擔是由雇主支付，照理說增值中的勞動所得占比在法國應該比在英美兩國高出至少 10% 的國民生產毛額才是。

　　由此可見，支付社會福利扣繳的錢並不是來自資本所得。這件事很重要，因為現代的各種社會安全制度一方面是今日重分配政策的核心（一九九五年利潤稅占法國國民生產毛額的 1.5%，社會福利扣繳則占 20%），一方面以資方與勞方共同分攤社會支出為基本理念，然而事實卻告訴我們，資本所得根本沒有被重分配給勞方，反而是由勞動所得完全吸收了這方面的成本。我們並非要質疑社會安全制度是否合理，因為這樣的制度使勞務所得內部產生大幅的重分配，提供了私人市場經常無法確實提供的保險功能（參見第四章）。可是這會使改善勞資所得相對占比的內在理念受到深刻質疑，而社會安全制度經常是以這項理念為標竿，它非常接近古典理

論對勞資所得占比劃分的想像，亦即透過勞資協商可以達成更好的拆分比例，例如要求比勞工薪資扣繳更高的雇主負擔費率，就可以使勞工在資方支付的薪資以外再得到一筆津貼（sursalaire）。

事實上，一如租稅歸宿理論的推測，這意味著最重要的是瞭解一筆稅是根據哪些條件而繳納，也就是如何依據薪資和利潤等計算課徵的數額，而不在瞭解稅的名目為何、名義上由誰來付（亦即誰開支票給政府機關）。社會安全制度的財源究竟是來自所得稅（和社會福利扣繳一樣按薪資高低課徵）或是來自雇主負擔抑或勞工薪資扣繳，也不是重點。丹麥就是一個例子：丹麥沒有社會福利扣繳，強大的社會安全制度完全依靠所得稅支撐（實際上的稅基主要由薪資和社會福利所得構成，因為資本所得數額有限；參見前文）。至於企業增值中勞動所得的占比，丹麥和其他國家並無二致（OECD，1996，p. A27），並未超乎預期：丹麥企業支付給員工的薪水和法國企業一樣多，只是丹麥企業完全以薪資的形式支付，沒有社會福利扣繳，員工拿到薪水之後再繳納所得稅。綜觀歐洲國家社會安全制度的財政結構，社會福利扣繳的占比在各國之間有相當大的差異，其中丹麥和法國是光譜的兩極，然而企業增值中的勞務所得占比卻幾近一致。唯一具有意義的地方是，稅率是否依據不同的薪資層級而定（不論是所得稅或是社福扣繳），換句話說就是稅率的累進程度，另外也要瞭解稅捐是否同樣依照資本所得的層級課徵。只有對資本課稅才能達成真正的勞資所得重分配。

**柯布─道格拉斯生產函數？**──瞭解到這幾項事實之後，我們該如何解釋利潤占比的規律性？經濟學家的傳統詮釋如下：從總體

經濟的層面來看，過去一百年資本主義下的西方經濟體，可以合理地用柯布—道格拉斯生產函數來描述，也就是勞資替代彈性等於 1（參見前文）。原因在於，只有在勞資替代彈性等於 1 時，才能肯定地預測利潤占比和薪資占比會長期保持穩定，不論可投入的資本與勞動量如何變動，也不論遭遇何種會影響資本與勞動價格的政治與經濟衝擊。同時，這也解釋了社會福利扣繳實際上的租稅歸宿；社福扣繳由勞動支撐，因此會提高勞動價格。

當然，即使在固定技術係數的情況下，我們仍能想像不論在哪一個國家，政治和社會衝突到最後能接受的所得分配都落在一樣的比例：三分之二歸給薪資，三分之一歸給資本。如同索洛自己所說，必須明確找出分配比例的正常變動幅度究竟有多大，才能判斷所得分配的規律性是否值得訝異（Solow，1958）。直接從個體經濟層面、也就是從個別企業著手的計量經濟學研究，關心的是企業的聘僱水平如何隨勞動價格而變化，然而這些研究卻證實了資本和勞動之間具有高度可替代性。美國經濟學家漢默麥許（Daniel Hamermesh）比對了幾十份針對西方各國的研究成果，發現大部分對勞動需求彈性的估算都和勞資替代彈性數值相同，落在 0.7 和 1.1 之間（Hamermesh，1986；1993），他的結論是「柯布—道格拉斯函數相當貼近現實」（1986，p. 451-452，467）。一九七〇年代之後，西方各國在就業問題上境遇各不相同，這也顯示勞資替代可能性是很高的（參見後文）。因此，我們觀察到的事實似乎證明了邊際學派對勞資所得相對占比的主張是成立的，所以租稅重分配優於直接重分配的主張應該也是可靠的。

　　**歷史的時間跨度與政治的時間跨度？**——然而，我們不該低估這項歷史規律性的局限。事實上，利潤占比從長期來看有很驚人的規律性，從短期來看卻經常不成立，而且只有在中、長期才真正成立，這對受到影響的個人而言實在太過長遠。舉例來說，我們可以看看一九七九至一九九五年間，OECD各國的利潤占比和薪資占比如何變化。

　　表九顯示各國利潤／薪資相對占比的變動非常劇烈。一九七〇年代的薪資占比呈現上升趨勢，此時利潤減少而薪資愈來愈高，到了一九八〇和九〇年代，利潤占比開始上升，有時上升幅度十分可觀。法國的變化是最顯著的，薪資的占比原本在一九七〇年是

**表九：OECD各國企業增值中的資本占比，一九七九至一九九五年**

|  | 德國 | 英國 | 法國 | 義大利 | 英國 | OECD |
|---|---|---|---|---|---|---|
| 1979 | 30.5 | 35.0 | 30.0 | 35.5 | 31.3 | 32.8 |
| 1980 | 28.5 | 33.9 | 28.3 | 36.0 | 29.2 | 32.2 |
| 1981 | 28.2 | 34.5 | 28.2 | 35.3 | 28.9 | 32.1 |
| 1982 | 28.6 | 33.6 | 28.5 | 35.4 | 30.7 | 31.8 |
| 1983 | 30.8 | 33.3 | 29.2 | 34.5 | 32.3 | 32.2 |
| 1984 | 31.8 | 34.0 | 30.7 | 36.4 | 31.9 | 33.2 |
| 1985 | 32.4 | 34.0 | 32.0 | 36.6 | 32.2 | 33.7 |
| 1986 | 33.1 | 34.0 | 34.9 | 38.6 | 31.0 | 34.1 |
| 1987 | 32.7 | 33.2 | 35.5 | 38.4 | 31.4 | 33.8 |
| 1988 | 33.8 | 33.1 | 36.9 | 38.8 | 30.9 | 34.2 |
| 1989 | 34.6 | 34.4 | 38.1 | 38.3 | 29.6 | 34.9 |
| 1990 | 35.6 | 33.8 | 37.6 | 37.3 | 28.2 | 34.5 |
| 1991 | 34.0 | 33.3 | 37.9 | 36.6 | 26.8 | 33.9 |
| 1992 | 33.3 | 33.6 | 38.2 | 36.6 | 27.7 | 34.0 |
| 1993 | 33.4 | 33.6 | 37.8 | 36.9 | 29.9 | 34.2 |
| 1994 | 35.0 | 33.8 | 39.4 | 39.8 | 31.0 | 34.8 |
| 1995 | 36.0 | 33.5 | 39.7 | 42.5 | 31.5 | 35.0 |

注：參見小專欄「資本占比之計算」，本書第52頁。
資料來源：OECD（1996，p. A27）。

66.4%，此後持續上升，到一九八一年已有 71.8%，接著從一九八二、八三年開始逐步下降，一九九〇年時為 62.4%，一九九五年為 60.3%。該如何解釋一九七〇至一九八二年間有超過 5% 的國民所得從資本重分配給勞動，而一九八三至一九九五年間有超過 10% 的國民所得又重新從勞動分配給資本？

　　我們會發現，第一段期間剛好和薪資大幅成長的時期相符，原因是一九六八年通過了格內爾協議（accords de Grenelle），隨後是一九七〇年代的一連串社會運動以及最低工資的幾次重大調整，最後「一腳」則是一九八一年設立法定最低薪資。相對的，從一九八三年開始的第二段期間出現緊縮的薪資政策，薪資不再依物價調整，法定最低薪資也幾乎沒有調升。事實上，平均薪資淨值的購買力在一九六八至一九八三年間提高了 53%，但是一九八三至一九九五年間只增加了 8%（INSEE，1996a，p. 48）。確實在一九七〇至一九八三年間，國民生產毛額成長了 44%，而一九八三至一九九五年間只有 28% 的成長（INSEE，1996c，p. 34），國民生產毛額的成長也確實必須支撐日益成長的退休金和醫療支出，但是相對於國民所得的成長，薪資已停止成長的情形仍然是不爭的事實。換句話說，在這段約二十五年的時間當中，勞資所得相對占比符合古典理論的預測（參見前文）：一旦社會抗爭爭取到薪資大幅增加，利潤占比就會下降，相對的，若薪資遭到壓縮，利潤占比就會上升，但卻沒有創造出允諾中的新工作機會。

　　當然，即使在二十五年當中出現如此劇烈的變化，也不會改變企業增值中薪資的占比在五十年或一百年的時間長度下，大致都是

三分之二的事實，所以我們無法用勞資所得相對占比來解釋今日的勞工購買力為何是一九五〇年的 250%，或為何是一八七〇年勞工購買力的 700%。但是對親身經歷過這二十五年的勞工來說，這有什麼意義？從一九六八年到一九八二年，他們的生活水準明顯改善，接著在一九八三至一九九五年間相對來說停滯不前，不過產出仍然在成長，沒有人預料得到一九九〇年代末期會發生嚴重的倒退。這些勞工怎麼可能不把生活條件的進步和勞資重分配連結在一起呢？右派認為只有經濟成長（而非勞資重分配）才能真正改善生活水準（參見引言），這種觀點只有在歷史的長時間跨度下才能成立（參見前文），但是從這些有切身利益的勞工的政治時間視角來看，卻沒有任何意義。

　　再說，勞工怎麼可能不把勞資重分配與社會抗爭及薪資成長相連結，並且將勞資重分配與直接重分配而非租稅重分配相連結？實際上，租稅重分配從未在這麼短的時間內讓重分配達到國民所得的 10%。我們可以看一下數字的大小規模：一九八一年法國左派政府上臺時制定了一些租稅重分配措施，主要就是對鉅額財富課稅，以及對所得稅的上層群體施以附加稅，雖然當時右派斥之為「財稅敲詐」（matraquage fiscal），但是第一年徵得的甚至不到一百億法郎（Nizet，1990，p. 402, 433），等於當時國民所得的 0.3% 而已！理論上，政府可以運用各式各樣的稅捐和移轉性支付創造更大程度的重分配。不過重點是我們從來沒有看過在這麼短的時間內就能達到的。因此無可避免的是，我們對重分配的經驗和認識首先與社會抗爭和加薪有關，而不是與稅改和移轉性支付有關。可能就是基於這

樣的歷史事實,而不是基於反對租稅重分配與價格體系的邏輯,使左派對稅制抱持懷疑的態度(參見前文)。稍後我們在討論勞務所得不均的時候,會再討論此一歷史事實,以及這種歷史時間跨度與政治時間跨度的衝突(參見第三章)。

不過勞資所得相對占比在十到十五年當中出現這種程度的起伏,在歷史上不是頭一遭,只是法國政治和社會史的特殊性使得一九七〇年代到九〇年代的變動格外不同。舉例來說,美國企業增值中的薪資占比在一八六九至一八八〇年間從 65% 左右降到 55%,之後又快速升到一八八五年的 65%,一八九〇年的占比則是 66% 到 68%。另一方面,平均薪資在一八六九至一八八〇年間只增加了 2%,其後在一八八〇至一八八五年之間增加了 27%——這段期間發生了數次大型罷工和非常強勁的工會運動(Duménil 與 Lévy,1996,chap. 16)。也就是說,在這十到十五年間,邊際學派對勞資所得占比的見解和社會事實對照之下,幾乎都不適用。在租稅歸宿的問題上也是如此:就短期而言,社福扣繳的雇主負擔通常真的是由雇主支付,不會立即被薪資調降所抵消。這個狀況自然造就了許多人對租稅歸宿的想像,雖然上述分析已經明確告訴我們,長期來說承擔社福扣繳的最終還是勞方。

**為什麼利潤占比在美國和英國沒有增加?**——然而,一九七〇年代到九〇年代的勞資所得占比演變史並沒有這麼單純。法國的情形也發生在義大利(利潤占比從一九八三年的 34.5% 成長為一九九五年的 42.5%),以及占比較低的德國(從一九八一年的 28.2% 成長為一九九五年的 36%),奇怪的是,在八〇年代和九〇年代只有

英國和美國完全不像其他國家一樣普遍出現利潤占比增加的情況：
這二十年內，美國增值中的薪資占比一直穩定保持在 66% 到 67%
左右，同時期英國增值中的薪資占比也維持在 68% 到 71% 左右
（表九）。我們很難精確比較各國利潤占比的水準，因為彼此的會計
規則差異甚多，但是各國變化趨勢的不同之處是很清楚的：在法
國、義大利和德國，增值中的資本占比都增加了近 10%，在美國和
英國卻完全沒有增加。我們在分析薪資不均時，觀察到英國和美國
與其他國家相異之處，在於一九七〇年代之後兩國出現不均現象的
嚴重惡化（參見第一章），此處則完全相反，這兩個在八〇年代和
九〇年代被極端自由主義（ultra-libéralisme）浪潮襲捲的國家，倒
成了利潤占比唯一沒有提升的地方。該如何解釋這個事實？

　　毫無疑問的，其中一部分理由就是單純的追趕現象：在法國，
增值中的利潤占比在一九七〇年代就已下降了 5% 到 6%，原因是
薪資的快速調升，但同一時期英國利潤占比的下降幅度卻輕得多，
美國更是完全沒有下降（參見表八）。然而這只解釋了一部分：法
國的利潤占比到了一九八五、八六年便回復一九七〇年的水準，還
繼續上升，英國和美國卻保持不變。

　　我們很難不把此事跟另一個事實放在一起對照：這段期間只有
英國和美國創造出就業機會，因此有助薪資總額提升，相對的，其
他國家的薪資總額卻停滯不前。在一九八三至一九九六年間，美國
創造了超過二千五百萬個就業機會，相當於增加了總就業量的 25%
（從一億零八十萬增至一億二千六百四十萬），同一時間，法國的總
就業量只增加了 2%（從二千一百九十萬增至二千二百三十萬），而

美國和法國的國民生產毛額則都上升了 30% 左右（OECD，1996，p. A23）。這可以說非常確切證明了各種不同的勞動／資本組合都能達成相同程度的產出提升，也就代表在總體經濟層面上勞資替代的可能性是很高的：一九八三至一九九六年間，法國經濟成長的基礎是高水準的勞工和新式的機械設備，而美國的經濟成長則建立在密集的勞力，尤其是服務業（餐飲、商業等）雇用的低階勞工身上（Piketty，1997b）。此外，企業資本存量（機器、設備等）變化的相關資料證實了上述說法。資料顯示，一九七〇年代到九〇年代，法國和大多數歐洲國家成長的速度都高於美國（FMI，1996）。資料同時也顯示出勞資替代會與產業部門間大規模的資源重新配置有關（例如從工業分配給服務業），而不只限於單一企業或特定產業中機器和勞工之間的替代而已（參見前文）。

　　最簡單的解釋是，法國因為一九六八至一九八三年間薪資劇增之後薪資成本高昂，所以沒有出現勞資替代也沒有創造工作機會。這告訴我們，邊際學派指出的那些效果顯現出來所需的時間長度，並不像相關的個人所希望的那麼久（參見前文）。話說回來，較低的薪資成本如果要能帶來較高的薪資占比，那麼創造工作機會的效果就要比薪資效果強，亦即勞資替代彈性要高於 1（參見前文），也就是彈性要高於一般的數值（參見前文）。再者，即便一九八三至一九九六年間美國每位受雇者的平均所得增加不到 5%，英國卻增加了將近 20%，法國則少於 12%，而且這段期間英國的總就業量還是增加了將近 10%（OECD，1996，A15，A19，A23）。由此看來，在這段期間內法國似乎在每個表上都是落後的，因為不論薪資

和就業都停滯了，造成增值中的勞動占比嚴重下滑。

　　除了平均勞動成本的因素外，還有兩個因素可以解釋為何產出中薪資總額的占比在法國和歐陸國家會下降，在其他英美國家卻保持穩定。第一種解釋是英美國家不同教育層級之間薪資成本的差距愈來愈大，單單這一點就可以解釋一九八〇年代到九〇年代就業量的提升（參見第三章）。第二種解釋是勞務所得同時也具有一項非貨幣的功能，就是提供就業的穩定與保障，這項作用在英美國家已經減弱了，在法國和多數歐洲國家則仍然很強（關於法國與美國的比較，參見 Cohen 等著，1996）。所以我們必須解釋為何一九七〇至一九九五年間這種就業保障的代價會提高，並且跟勞工給予就業保障的極高價值做比較。

## 資本分布的動態變化

　　勞資不均的問題之所以受到這麼大的關注，不只是因為資方取走了總體所得中相當大的一部分。更令人注目的是勞資不均在歷史上不斷重演，甚至擴大。資本在任何時間點上總是能取得相當大的所得占比，正是這種不斷在歷史上重演的狀況，使勞資不均顯得既霸道又沒必要，不只跟一般認知的社會正義相矛盾，也不符合經濟效率：為什麼因為父母或國家資本不夠雄厚，有的人或國家就要被剝奪機會，無法投資他們最好的能力呢？換句話說，勞資不均很快便帶出了有效重分配的議題，而非只是討論單純重分配。因此，我們必須從研究所得在要素之間的分布，也就是從總體經濟層面看資

本和勞動這兩種生產要素在總體所得中的占比，轉移到研究所得在個人之間的分布，也就是從個別勞工和資本家的動態，以及他們能掌握的投資機會著手。市場經濟的邏輯是否真的會導致有損經濟效率的資本分布不均現象在歷史上不斷重演？哪一種工具可以幫助我們打擊這個現象？

### 完全信貸市場與趨同理論

　　針對這個問題，同樣也有好幾種理論相互激盪。其中最核心的問題是信貸市場。實際上，如果信貸市場完全符合經濟效率，亦即只要出現一個有投資效益的標的，資本就會進入市場，那麼一開始的資本分布不平等將會漸漸消除。在信貸市場的機制下，不論家庭或國家初始的財富有多少，每個單位的勞動力將會擁有相同的能力，進行相同的投資。因此期初資本投入額的不均等就不會延續。當然，即使在一個完全的信貸市場，窮人或窮國借錢來投資之後還是必須償還貸款，所以其儲蓄不能立刻追上債權人的財富水準。事實上，如果低所得家庭和高所得家庭的儲蓄率差距到達一定程度以上，債權人和債務人之間的不平等可能永遠無法消除（Bour-guignon，1981）。在國際的層次上，這相當於所有國家的人均國民生產毛額都是一樣的，因為每個國家對每個勞工投入的資本量是相同的，但是窮國的國內生產毛額卻比較低，因為窮國的資本實際上掌握在富國手中，而且每年國內所得中的利潤都有一部分必須交給富國。不過，假設債務國的儲蓄率和債權國相同，或是兩者的差距不大，債務國就可以逐步累積勞動的成果，借貸的金額會愈來愈

少，最後趕上它們的債權國。事實上，低所得家庭的儲蓄率並非一概低於高所得家庭：一九五〇年代到六〇年代有所謂「亞洲四小龍」，這些國家的儲蓄率都超過 30%，但是一九八〇年代到九〇年代的西方國家雖然比較富裕，儲蓄率卻都在 10% 到 15% 以下，這就是為什麼這些亞洲國家可以追上富國（Young，1995）。

這種窮國和富國趨同的結果，符合傳統資本積累和成長模型的基本預測（Solow，1956）。導出這種結果的完全信貸市場模型為什麼可以成立？對於相信市場力量的人而言，答案很簡單：競爭。說起來，為何銀行和富裕的資本家會不願意借貸給一個有利可圖的投資案呢？明明他可以從中獲得不錯的利率。如果窮國的問題是擁有的機器和設備不足，新的投資將有助於大幅提高產出，為何富國不把儲蓄用來投資，享受回報呢？如果有些人（或國家）比較保守或不願冒險，為何其他人不快來占取讓出來的競爭空間，大賺一筆呢？握有存款的人之間與金融中介機構之間彼此競爭，在尋找投資報酬率最高的標的，然後把資金借給能夠達成此種報酬率的創業者，這個競爭遊戲構成了完全信貸市場的模型。據此而來的第一個結論便是，只有純粹出於社會正義的考量才能支持在資本較多的人和較少的人之間進行重分配：資本分布不均本身並不會造成任何經濟效率的問題，因為市場會負責讓可用的資本用於投資，並組織有效率的生產過程（柏瑞圖意義上的效率；參見引言）。因此，生產過程不需要任何直接的介入行為。

**富國與窮國的趨同現象** —— 在國與國之間的不平等問題上，趨同模型導出了幾項預測，值得注意。理論上的預測是，如果國與國

之間的投資能力一概沒有差別，我們應該會在全世界都看到追趕現象：一個國家初期的經濟條件愈差，資本家愈有意願前來投資，該國的經濟成長率便會大增，因此國際不均必然會減少，最後弭平。實際上又是如何呢？

　　若觀察一個國家在一九六○年的人均所得水準與該國在一九六○至九○年間的平均成長率之間的關係，會發現難以支持上述預測，因為這兩個變項之間無法建立任何必然的關連（Mankiw 等著，1992，p. 427）。有一些一九六○年時相對貧窮的亞洲國家，如臺灣、南韓和新加坡，都發生了平均所得成長率超越西方國家甚多的情形，但是其他同時代的貧窮國家，如印度半島各國或撒哈拉沙漠以南的非洲國家，平均成長率卻不高，甚至是負成長。趨同模型適合描述西方國家之間的追趕現象，例如西歐國家如何在二次大戰之後彌補它們和美國的差距，或是西方國家和所得中等的亞洲國家間的追趕關係。相反的，趨同模型完全無法說明富裕國家和最窮的國家之間，或者富裕國家和所得中等的南美洲國家之間的追趕，因為這些國家之間的鴻溝反而愈來愈深。如果把時間拉長，同樣的結論看起來也是成立的，例如只要我們能正確估算出已開發國家和低度開發國家之間的所得差距的話（Morrisson，1996，p. 181）。現實上，不只是富裕國家沒有對貧窮國家大舉投資，還完全相反：平均而言，我們觀察到窮國普遍出現對富國的資本淨流量（Lucas，1990b），窮國資本家手上流向富國的資本還超過富國流入的投資量！

　　窮國無法得到資本家的投資，始終窮者恆窮，並不代表信貸市

場不完全是唯一的因素。舉例來說，如果我們看看一九六〇年「人力資本初始存量」（stock initial de capital humain）的水準（指識字人口、受教育人口、受高等教育人口……等人口的百分比），就會發現一九六〇年的初始平均所得和一九六〇至一九九〇年間的平均成長率之間呈現負相關：與人力資本的初始水準相比，一九六〇年時最貧窮的國家出現了高度的經濟成長。根據內生成長理論（théorie de la croissance endogène），這種變化稱為「相對趨同」（convergence conditionnelle），與此相對的概念是富國和窮國間的「絕對趨同」（convergence inconditionnelle），這也是索洛的傳統模型所預測的情形（Mankiw 等著，1992）。舉例來說，南美國家和一九六〇年時正要起飛的「亞洲四小龍」各國擁有相同的平均所得，但是人力資本初始存量卻落後許多，主要是因為南美國家有太多人口完全沒有受到照顧，相對來說亞洲四小龍各國的社會一直都比較均等，而當這些亞洲國家對西方國家急起直追的同時，南美國家的經濟成長率卻低得多。除了人力資本平均水準的效果之外，起始點的不平等也會對後續成長帶來負面效果，這可能是直接的，也可能是間接的，例如連帶引發的社會及政治不穩定亦不利於成長（Benabou，1996）。

亞洲四小龍的經驗帶來的另一項啟示，就是加入全球市場的重要性。這套神奇配方，一方面需要對人力資本的高額且相對平均的投資，另一方面需要經濟自由化和市場開放，一九八〇年代與九〇年代也開始流行於其他亞洲大型國家。但是印度和中國自由化的有限度成功提醒我們第一項條件的重要性，如果不具備，只靠經濟自

由化和市場自治也無法帶來長期的成長（Drèze 與 Sen，1995）。可見平等主義的教育政策正是最基本的一種有效重分配措施（參見第三章）。

此外，如同盧卡斯（Robert Lucas，1990b）的計算，如果美國和印度的平均所得之間的差距，只能歸因於擁有的機器和設備數量不同，那麼我們就應該得到一個結論：在印度，每多投資一單位的資本，其邊際生產力會是在美國多投資一單位資本的邊際生產力的五十八倍！既然印度的投資報酬率如此高，我們很難瞭解信貸市場的不完全程度究竟要有多高，才能解釋西方國家不想嘗試分一杯羹的現象。這代表我們必須承認，富國與窮國間的不平等，以及廣義的不平等，主要並不是肇因於生產工具的分布不均，而是由於人力資本的分布不均：印度將近一半的人口是文盲，當然會導致每增加一單位的資本能獲得的報酬少得多（Drèze 與 Sen，1995，tabl. A1）。

## 資本市場不完全的問題

不過，即使我們承認有其他重要的因素，也不代表富國和窮國間的資本流量不是原因。此外，沒有大筆流量從富國進到窮國也提醒我們國際資本流量長期以來普遍不高的事實：例如在西方國家，每年國內可儲蓄的資本和實際的國內年投資量之間關係十分緊密，如果這些國家的金融市場已經整合，原則上國內儲蓄和國內投資應該會大大脫勾，但顯然不是如此。

事實上，和完全信貸市場模型可能的預設相反，信貸運作不只

是機械性地把資金放在缺少的地方、等著報酬產生、再從中收取一定的數額。實務上，還要確認投資計畫有獲利可能性，風險也在可承受範圍內，當然貸款人一定會宣稱計畫都滿足這些條件；其次要確認，即使有一大部分的獲利必須交出去，貸款人也有足夠的動力，讓他在這段漫長的時間內持續致力於投資案的成功；最後還要確認一旦獲利，貸款人不會捲款潛逃。這些關於誘因的問題，亦即經濟學家所謂的「逆選擇」（antisélection）和「道德風險」（aléa moral），必然會和跨期市場（marché intertemporel）的概念有密切關連。跨期市場指的是該市場中的交易過程跨越好幾個時段，信貸市場就是一種，我們稍後在社會保險的分析中也會看到相同的例子（第四章）。在國際市場上這些問題會更加困難，因為關於申貸人與外國投資案的資訊非常不完整，這說明了為何資本的國際流量會極度低落。

　　既然市場和國家都必須面對資訊障礙，競爭遊戲會是解決這個問題最好的方法嗎？現實中債權人為了確保能回收投資，會要求貸款人凍結一筆款項，或是要求貸款人也用自己原有的資本投資一部分，向債權人表示對投資計畫的能力有所承諾，藉此增加信心。這就是為什麼經驗上一旦貸款的個人或企業本身擁有的財力很高，為投資案爭取到的信貸額度便會更高。換句話說，就是「我們只借錢給有錢人」。從債權人的角度來說，這個現象是符合經濟效率的，但是對整個社會來說卻不是：如果我們將資本重分配，讓每個有獲利可能的投資案都能執行，應該能創造更高的總體所得。不完全信貸市場是不完全市場的典型案例，足以證明重分配也可能是出於經

濟效率的考量，而不是只有社會正義一種理由：基本上，想要改善
資源配置的效率，同時使財富分配更公平，這種方法是存在的（參
見引言）。

　　顯然，有很多批判資本主義的研究者（從十九世紀的社會主義
理論家開始）早已注意到信貸評估（rationnement du crédit）的這種
現象，即使那些現象太過明顯，導致他們大都沒有花費時間分析甚
至提及。但是直到一九七〇年代和八〇年代，才開始有經濟理論認
真分析不完全資本市場的產生及其對重分配的影響（Piketty，
1994，p. 774-779）。其實，所謂影響並不只限於資本重分配有助於
增加總體所得一事。例如進行信貸評估時，個人行為的選擇（選擇
支薪的工作或獨立創業等）有一部分取決於初始財富的多寡，因此
初始財富的重分配會對職業結構帶來長期影響（如受薪者占多少百
分比、自營農業工作者占多少百分比），也左右了經濟發展，例如
相較於英國工業革命時分布不均的狀況，法國在大革命後的財富分
布便均等多了（Banerjee 與 Newman，1993）。

　　**政府介入的可能形式**——何種政府介入的形式可以解決信貸評
估的問題，以及勞資不均因此不斷延續的現象呢？之所以需要做信
貸評估，與政府介入所面臨的問題基本上一模一樣，就是因為投資
並非單純地將資金投注在缺少的地方而已。投資人還需要進行複雜
的決策，選擇投資哪一種產業、生產哪一種產品、要授權什麼人當
代表進行經營決策等。正因為這些困難，才會出現一些極端的解決
方案，想要廢除私有資本、集體持有生產工具，而沒有提出任何制
度來解決誘因的問題和資源配置的問題。不過，其他歷史上實驗過

的有效重分配工具也遭遇類似的困難，例如公家銀行、政府補助貸款，或貧窮國家的發展銀行等等。事實上，信貸評估理論告訴我們，如果貸款的目的是要在貸款人之後的獲利中收取相當於市場利率的利息，公家銀行和私人銀行一樣難以確認一項投資是否正確。如果提供給貸款人的資金收取的利息低於市場利率，那就相當於一部分的贈與，例如公家銀行和補助性質的貸款便經常如此，此時主管機關即使十分認真，同樣很難正確決定哪一位貸款人才值得補助、哪一個產業最需要額外的投資等等。當一個富國想要將財富投注於窮國，也會遇上這些現實的難題：究竟該把跨國援助給哪一個國家？如何確保該國一定會善加運用？資本重分配不是開著直升機，把一筆錢丟到缺錢的地方。實際上，要重新分配各國彼此不均等的資本，更簡單的方法是讓勞動力移動到資本較充足的國家，而不是將資本轉移到較缺乏的國家：勞動力自已會適應生產過程，並且找到合適的位置，資本則不會。

　　事實上政府核發的貸款案成功的比例並不高。大部分發展銀行的經驗最後都終結於嚴重的財務黑洞，而預期中的生產與投資成果並非都會實現。在西方國家，至少從一九八○年代到九○年代開始，許多針對企業的政府貸款和補助貸款措施都遭到全面質疑。

　　資本直接重分配唯一得到具體成果的領域就是農業。例如一些發展銀行專門提供貸款給鄉村的貧窮人家，因為這些家庭無法得到傳統銀行的貸款。尤努斯在孟加拉創辦的「鄉村銀行」（Grameen Bank）自一九六○年代以來幫助超過數百萬的農民改善設備並增加生產力，而這類發展銀行也在世界各地引發了迴響。一些農業改革

措施試圖重新分配農地或至少給予貧窮的農民租約保障，往往有助於生產力的顯著提升，孟加拉地區就是一例（Banerjee 與 Gathak，1995）。

生產力的顯著提升，說明了資本市場的不完全是一個重要因素：完全的信貸市場理應會貸款給農民，幫助他們擁有自己的土地，進而享有生產力的成果。顯然問題在於必須償還貸款，一旦農民的工作動力因此受到影響，這些生產力的成果就無法實現，所以只有重分配才能改善農民的工作動力和生產力。這方面的經驗也應該與蘇維埃體制下土地公有化的悲慘結局相互比較。私有資本的重分配措施能在農業部門良好運作，原因很簡單，因為就農業而言，投資該如何配置的難題可以縮減到最小：我們只需要確定每位農民最適合擁有多少土地，能讓他和一個受制於地主或集體農場的農民相比有更充足的動力從事生產和改良。

**資本的「均一稅」（flat tax）？**——在信貸評估的問題上，為了讓資本有效地重分配，必須找到既透明公開且普遍適用的工具，以免重蹈政府信貸的覆轍。從歷史上來看，所得稅與遺產稅累進制的建立對於減少資本集中有長足的貢獻（參見第一章）。推而廣之，我們可以考慮推行一種普遍的財富稅，建立一種定額轉移金（transfert forfaitaire），它就像一份投資支票，每個公民在成年時可以領取，然後每個人都能自由借款跟投資任何他眼中具有前景的投資對象。顯然，這種常態性的財富重分配有其代價，因為它不免會減低人們未來積累資本的意願。但相對於這樣的代價，有獲利可能的投資案獲得資金之後也會創造利潤，如果沒有這種重分配，便不可能

有這些利潤：傳統的論述主張，由於課徵資本稅而減少資本積累，付出的代價長期下來一定會超過資本稅的數額，但這樣的主張在不完全的資本市場下就未必適用了（Chamley，1996）。所以一切都取決於不完全市場會造成多少有獲利可能的投資案無法獲得資金。究竟該對所有財富課以 1% 的稅率，還是 5%，或者 0.1%？如果想更進一步釐清，必須設法以可靠方式推算出未獲資金的可獲利投資案有多大的量，但是這相當不容易衡量。另一方面，有兩派見解始終劍拔弩張，一派是完全信貸市場的信徒，他們認為資本分布不均完全不會影響經濟效率，另一派則對資本主義採取基進的批判態度，他們認為只有廢除私有財產制才能徹底解決問題，這種一觸即發的氣氛無助於我們在這個關鍵問題上獲得更深刻的理解。

綜上所述，可見若要建立一套透明且具有重分配功能的資本稅和資本所得稅，支持的理由俯拾即是：從單純社會正義的角度，這種稅可以達成真正的勞資重分配，克服社會扣繳中雇主負擔的假象（參見前文）；從經濟效率的角度，這種稅可以打擊不完全資本市場帶來的負面效果。現實上，二十世紀勞資重分配的成果令人不忍卒睹：在那些嘗試廢除私有資本的國家裡，受薪者的生活水準停滯不前，而資本主義國家的生活水準卻持續提高，但是在西方國家，稅收結構當中只有很小一部分真的來自資本（參見前文）。這令人不忍卒睹的結果顯示該用哪種重分配工具的問題十分重要：光是想要重分配並不夠，還必須使用恰當的工具。除了這些歷史經驗之外，還有課徵資本所得稅的客觀障礙，這是由於資產配置可有各種形式，又具有高度流動性，使資本所得經常難以調查。這些都告訴

我們，如果想要有效解決上述問題，也許需要的是一種計算方式極為簡單的稅制，以終結稅基大量流失的現狀（參見前文），同時這種稅適用的地理範圍應該盡量擴大，並針對所有類型的資本所得，以避免國際租稅競爭產生的負面效果（參見前文）。這種工具，也就是均一稅（單一稅率的一般稅），自然不適用於對勞務所得進行租稅重分配，因為勞務所得重分配既需要也能夠有更大的彈性（參見第四章），不過它相當適合處理現今資本所得的問題。

然而近來財富分布的變化顯示，在一九八七至二〇一三年間，全球首富階層財富成長的速度已是財富與所得平均值的三倍以上（前者年成長率為 6% 至 7%，後者為 1.5% 至 2%）。可見唯有資本累進稅才能調節日益失去平衡的走勢，並為這樣的變化提供更透明的資訊，既符合民主精神，也有利於進行統計（Piketty，2013，chap. 12）。近來財富的整體重要性已經超越所得，一種新型的「世襲社會」正在崛起，這些最新的變化也支持我們的看法（Piketty，2011；Piketty 與 Saez，2013；Piketty 與 Zucman，2014）。

# 3 | 勞務所得的不均等

儘管對不均現象的分析常給人一種印象，就是資本所得的分布非常不均而勞務所得則比較均質，不過事實上現今的所得不均很大程度上源自於勞務所得本身的不均（參見第一章）。舉例來說，一九七〇年代開始出現顧志耐曲線逆轉的現象，原因就是勞務所得不均的惡化，尤其美國前百分之十最低薪的人口和前百分之十最高薪人口間的差距增加了將近 50%。如果我們想要瞭解不平等的真實面貌與重分配可行的方式，就不能再抱持世界上的勞務所得相當均質的觀念，也要拋棄世界上只有勞資不平等才重要的想法，並開始分析勞務所得不均的形成。這種分析的目標將會是新的重分配工具：新的議題將不再是廢除私有財產制、課徵利潤稅或重分配財富。針對勞務所得不均的重分配工具是不同的：可能是高所得者納稅而低所得者得到移轉性所得，或是教育及技職訓練政策、最低工

資、防止雇主的歧視行為、建立薪資標準、強化工會角色……等等。究竟哪一些工具最適合？哪一些論據可以證明某一些工具比其他工具更好？哪一些論據甚至可以推翻所有方案？我們又該如何評價這些論據呢？

## 薪資不均與人力資本不均

　　要解釋薪資不均，最簡單的理論就是不同勞工在企業生產過程中的貢獻是不同的：資訊工程師幫公司把所有客戶資料數位化，以便更快更準確地處理資訊，他能為公司創造的收入比起坐在辦公桌前、一天只能處理少量卷宗的員工自然更多，因此公司付給資訊工程師的薪水比較高，要是付得少，別的公司可能會來挖角。人力資本理論長期以來飽受抨擊，原因在於如果有人據此主張資訊工程師的人力資本比較高，所以生產力也比較高，薪水才會比傳統員工高，難免被懷疑是否同時在主張人力資本的差距直接反映了兩個人之間無法弭平、無法超越的差距，或者在主張人力資本的差距不只可以合理化薪資差距，生活水準因此產生的巨大落差也能被合理化。不過這些懷疑並非無的放矢，因為這正是以極端自由主義立場聞名的貝克（Gary Becker）和他的芝加哥大學同行所發展與推廣的理論（Becker，1964）。這些經濟學家並不認為薪資不均的原因只是個別生產力的差異：他們更針對人力資本不均的根源與教育訓練的問題提出一套理論，據此主張政府不應該以任何方式積極介入。

　　不過，個別檢視這些不同的問題是有意義的，這樣才能將單純

重分配的問題和有效重分配的問題分開。我們在引言曾介紹過這一組概念，在此處，單純重分配代表高所得群體和低所得群體間的所得移轉，有效重分配代表對形成人力資本的過程予以介入。首先，我們先假定個別人力資本的水準是不均等的。那麼，將薪資差異視為單純生產力差異的理論是否能良好說明實際的薪資不均現象？針對薪資差異造成的生活水準差異，該理論是否能提出有效的重分配方式？其次，我們要探討人力資本形成的過程。人力資本不均等的原因為何？哪些工具能達成有效重分配，改善這個現象？

### 人力資本理論的解釋力

如果以最粗略的方式來談，也就是略過關於勞務所得不均現象的歸因，則人力資本理論的主張簡單來說就是認為勞動人口並非鐵板一塊，個人會因為不同原因而具備不同水準的人力資本，換言之，在生產消費者所需之財貨及服務的過程中，每個人所能貢獻的程度不同。依照人力資本的水準會形成某種人口分布（勞動供給），而對各種財貨及其生產所需之人力資本也會形成特定需求（勞動需求），供需關係將決定不同水準的人力資本所對應的薪資，也因此決定了薪資不均等的狀態。由此看來，人力資本的概念範圍很廣，它可以意指狹義的教育程度（文憑等）或是經驗；廣義一點，只要在生產消費者所需財貨的過程中，能夠使一個人有所貢獻的任何特質，都可以說是一種人力資本。這套理論是否能夠解釋企業實際給付的勞務所得為何會有差異？

**嚴重不均的歷史現象**——如果採用比較廣泛的定義，當我們嘗

試解釋不同時空下薪資不均為何皆如此嚴重時，走向人力資本理論似乎是難以避免的。已開發國家一九九〇年的平均薪資為何是一八七〇年的十倍高（參見第一章）？唯一的解釋是勞工的教育水準和工作熟練度已經提升，使一九九〇年的產出比起一八七〇年增加為十倍。然而是否還有另一種解釋？畢竟資料顯示，企業增值中的薪資占比不論在一九九〇年或一八七〇年並無不同，因此長期而言薪資的增加並非由於利潤占比降低所致。長期而言，顯然是勞動生產力的成長使得受薪者的購買力得以提升。

同樣的，我們先前也指出，想解釋低度開發國家受薪者的平均購買力為何只有已開發國家的十分之一，北半球國家（大多數具中等教育程度）和南半球國家（一半以上人口仍是文盲）勞工教育水準的差距應是關鍵因素（參見第二章）。至於其他因素，例如信貸市場的不完全使南半球國家得不到足夠的投資，又如邊境的關閉使南半球國家無法到北半球享受較高水準的人力和實質資本，都加重了不均的程度，不過勞動生產力的巨大差距仍然是南北半球薪資不均最基本的解釋。

**供需關係**──若要解釋範圍較小但一樣重要的不均等，例如特定國家在較短期間內的不均現象，人力資本理論同樣不可或缺。以英國為例，在一八一五年時，高技術勞工和低技術勞工獲得的平均薪資相差二點四倍，之後逐漸擴大，到了一八五一年差距達到三點八倍，此後持續縮小，一九一一年時降為二點五倍（Williamson，1985）。可見十九世紀中葉的薪資差距與世紀初和世紀末相比都高了 60%，這該如何解釋？最有說服力、也獲得其他資料證實的說法

認為，十九世紀上半葉工業機械化的提升，使得對高技術勞工的需求大增，相對的，因為農業生產力的提高導致鄉村人口出走，使得低技術勞工的供給急速增加。接著，來自鄉村的低技術勞工的供給穩定下來，經過見習和學歷的累積，高技術勞工的數量大增，高、低階勞工的薪資差距也開始拉近。我們也在美國觀察到類似的變化，雖然比較輕微：學歷停在高中（相當於經過法國的高中會考）的受雇者與學歷超過高中的受雇者相比，兩個群體的平均薪資差距在一九七〇至八〇年間減少了 15%，接著在一九八〇至一九九〇年間差距又增加了 25%（Murphy 與 Welch，1993，p. 106）。薪資差距在一九七〇年代竟然下降，令人十分不解，因為在當時的環境下薪資差距一般而言是擴大的。同時，在一九七〇年代，學歷在高中以上的受雇者增加的比率也達到歷史新高，原因是嬰兒潮世代開始畢業進入職場，到了一九八〇年代增加的比率便明顯下降了。

這兩個例子相當重要，因為我們不常見到薪資差距出現這麼顯著的逆轉。不論在英國或美國，不同水準的人力資本的供需消長，都相當有力地說明了薪資差距為何發生如此的變化。

**一九七〇年後薪資不均擴大** —— 不同水準人力資本的供需關係，是否同樣能充分解釋許多國家自一九七〇年薪資不均普遍擴大的情形，甚至從更廣泛的層面解釋就業不均這個問題（參見第一章）？針對薪資不均為何短期內急速擴大，許多觀察者都從長期人力資本供需變化的角度提出解釋。第一次工業革命時發生了第一階段的薪資不均擴大，原因與工業生產對高階勞工的需求提高，而低階勞工從鄉村大量流出有關，在此之後，從十九世紀末至一九七〇

年代，所有已開發國家的薪資不均都有所減低。之所以進入不均減低的階段，原因之一是學歷差距大幅拉近，這主要是由於大眾教育及訓練制度迅速發展的緣故，另一個原因則是企業對中階勞工的需求提高。一旦這類需求停止成長，又出現去工業化（déindustrialisation）的現象，例如一九六〇年代末期的美國，就會進入新的階段：此時新興產業部門（企業服務、資訊業、傳播業等等）愈來愈需要高知識水準的勞工，但有相當多的人無法透過教育體系或個人經歷來取得這樣的技能，這些人於是只能轉進低生產力的產業（個人服務、餐飲、零售……），或落入失業和就業不足的境況。這種理論的極端版本進一步認為，不只是教育體系和人力資本的供給無法及時回應新技術和新產業形態對人力資本的需求，就像十九世紀上半葉一樣，而且更廣泛來說，技術的進步使得原本就分布不均的個人特質變得更重要。原本在傳統生產技術重覆性高的狀況下，這些個人特質顯得不太重要。這就是所謂「技能偏向型的技術變遷」（skill-biased technological change）假說，意指生產技術的改變提高了對教育程度和各種形式的「才能」（talent）的偏好（Juhn 等著，1993）。

　　**有偏向的技術變遷？**——這套描述西方國家薪資不均現象長期變化的理論，初步看來可以成立，只要排除其中最極端的見解。美國自然是最早發生這些變化的國家，我們也的確觀察到美國薪資不均的擴大和教育程度有關連：自一九八〇年開始，研究顯示每多讀一年書、每提高一級學歷、或每增加一段工作經驗，平均薪資都會明顯提升。用研究勞動的經濟學家的話來說，教育程度的「報酬」

（rendement）增加了（Juhn 等著，1993）。

　　問題在於，薪資不均擴大的總幅度當中，有很大一部分（約 60%）是發生在條件相同的勞工群體中：教育水準相同、工作年資相同、年紀相同（Juhn 等著，1993，p. 431）。一九七〇年以後，這些性質相同的勞工群體內部的薪資差距日益擴大，這件事正好解釋了美國整體薪資分布的不均為何自一九七〇年後持續擴大（一如 P90/P10 指標所示；另參見第一章），雖然學歷的報酬在一九七〇年代減低了（參見前文）。同樣的，雖然在所有西方國家中，失業和就業不足的擴大首先影響到的都是低階勞工，同一教育程度的勞工群體內部也一樣有就業不均的問題，學歷較高的群體也不例外。此外，根據技能偏向的技術變遷理論，在薪資不均擴大不多或沒有擴大的國家（例如法國），失業應該也會先影響教育程度不高的勞工，相對的，生產力分布愈來愈分散的國家（例如美國），薪資分布也會愈加分散以彌補生產力分散的效果。不過，雖然法國的低階勞工失業率比美國高，法國的高階勞工失業率一樣比美國高，而且比例相當（Card 等著，1996）。

　　當然我們不能低估一件事：薪資調查中關於個人特質的資料非常貧乏，但卻是經濟學家為了客觀衡量個人的就業條件，所唯一能觀察到的變因。學者所能取得的指標在不同國家的意義也差異甚大，故而藉助這些資料進行跨國比較其實非常危險：例如，一九九〇年時，法國勞動人口只有不到 25% 通過高中會考，而美國的勞動人口卻有超過 85% 具有高中學歷（即完成高中教育〔美國的 high school，相當於法國的 lycée〕或更深入的課程。Lefranc，

1997，fig. 1），這麼一來，我們在進行比較的時候，美國低教育水準的勞工群體其實比法國要小得多。顯然現實的複雜而多樣，是這些片面的統計指標無法傳達的，例如眾所周知，美國高中和法國高中的品質不可一概而論。

　　評估資料貧乏，對於研究單一國家的歷時變化也是一大困難。舉例來說，資料只呈現就學的總年數，而沒有呈現大學的水準或勞工所取得的文憑是哪種領域。另一方面，不論哪家企業都可以取得求職者的學歷資料，他們可以辨別水準非常不同的教育訓練，而這在經濟學家的資料裡面只是相同的就學年數。再者，有一種理論主張教育是一種「訊號」（Spence，1974），根據這種理論，假設文憑的領域可以傳達的不只是就學年數所換取的技能，還有個人特質，例如工作能力或動機，那麼經濟學家資料中的就學年數，就不能反映對雇主真正有意義的條件。所有嘗試透過資料中的個人特質來解釋薪資不均的理論，都免不了面臨一項局限：在整個不均現象中，總是有一塊關鍵的部分無法解釋。不過有一點是成立的：就經濟學家提出的特質而言，各個特質相同的勞工群體內部確實出現人力資本的不均，並且在一九七〇年之後日益嚴重。舉例來說，即使就學年數一樣長，勞工之間取得的文憑卻有愈來愈大的差異。

　　無論如何，技能偏向型技術變遷理論詮釋調查資料的方式，告訴我們即使從較廣義的角度理解人力資本理論，該理論仍有可能產生套套邏輯的問題：不論薪資不均的形態如何，我們永遠可以這樣「解釋」：眾多外部觀察者根本看不到的個人特質結合起來造就了某種生產力的差異……縱使我們相信人力資本理論和偏向型技術變

遷理論對於薪資不均和就業不均的擴大提供了相當程度的解釋，因此一股腦地期望這些理論能解釋一切有待分析的現象，就我們目前的認識來看，可說是過度樂觀了。

　　**薪資不均與全球化**──也有人運用人力資本理論來解釋一九七〇年之後薪資不均的擴大，凸顯了全球化現象在其中扮演的角色。根據這種論點，自從南北半球開始進行商業交易，便開啟了北半球國家較低階的勞工和南半球勞工的競爭，這就是薪資差距加劇的原因。從邏輯上來看這套理論可以成立，但是在以下事實面前卻問題重重：由第三世界進口的量即使從一九七〇年起成長不少，到一九九〇年時也不過占了所有西方國家國民生產毛額的 2% 至 2.5%，僅僅相當於已開發國家之間國際貿易額的 10%（Freeman，1995，p. 16）。如果在西方國家財貨及服務的生產和消費總額中不過占了幾個百分點，說薪資不均普遍擴大的現象根源在此，是否有些勉強？我們不能否認，不同教育程度勞工的供需變化，邏輯上可能會使得遭受國際貿易衝擊的某些產業內部的不均等擴大，並向整個經濟體擴散，但是這有賴實證資料的支持。另一方面，我們在英國及美國觀察到，如果以個別企業內部員工薪資相關性的平均值來看，不同企業間員工人力資本的水準愈來愈分歧，而且這個現象同樣不只是發生在受國際貿易衝擊的產業，而是遍及整個經濟體的所有產業部門（Kremer 與 Maskin，1996）。企業間的日漸分歧，在法國也同樣可見（Kramarz 等著，1995），這代表在生產力破表的生產單位與被放棄的生產單位間，出現了差距不斷擴大的普遍現象。綜合所有資訊，這一切意味著薪資不均的惡化源自於已開發國家生產

結構的內部轉型，即使這些國家當初是封閉的經濟體，不與世界上
其他國家貿易，一樣會經歷相同的變化。

### 薪資該如何重分配？

如果肯定薪資不均確實可以由勞工的人力資本不均來解釋，這
對於重分配的課題又有什麼意義呢？首先，假設人力資本不均至少
在短期內是無法改善的，那麼唯一真正可以採取的行動，就是將市
場自主運作創造的所得重新分配。這就是單純重分配，其出發點純
粹是社會正義的考量（參見引言），因為人力資本的不均至少有一
部分取決於個人無法控制的因素，例如出身或天賦，還有期初資本
的不均也是（參見第二章）。單純重分配應如何實施，才是最理想
的呢？

如同我們在第二章對勞資重分配的討論，問題的核心在於，不
同形態的勞動和人力資本在總體經濟層面上是否有可能相互替代。
如果在一個經濟體中不同形態的勞動只能以固定比例投入（一個資
訊工程師配 n 個勞工……），則不同形態的工作機會也會完全固
定，如此一來，假設直接重分配的具體形式是要求企業採行一套依
照人力資本水準訂定的薪資標準，並且這套薪資標準要以市場接受
的薪資為界，例如規定一個相當高的最低薪資和相當低的最高薪
資，則這樣的直接重分配將會和租稅重分配一模一樣，因為租稅重
分配就是讓市場決定薪資，但是針對高薪群體課稅，再將稅金以移
轉性支付的形式給付給低薪群體（或因此讓低薪者可以降稅）。然
而，假設仿照薪資替代彈性的計算方式（參見第二章）來計算不同

形態勞動間的替代彈性，如果計算結果彈性並不低，此時租稅重分配必然是較適合的工具：租稅重分配可以使低階勞工的所得增加，增加的比例與直接重分配相當，但是對企業來說低階勞力的價格沒有提高，也就不會減少低階勞工的就業量。我們又再次看到，租稅重分配的優點在於使企業需支付的勞動價格與受雇者獲得的價格區分開來，直接重分配則相反。這道理不只適用於高低階勞工間的重分配，也可以廣泛用於其他對象。舉例來說，如果家庭補助金制度的財源來自所有受薪者，這套制度能把薪資重新分配給需要扶養子女的勞工，而不會增加企業支出，相反的，依照直接重分配的邏輯，必須由雇主負責給予有子女的員工更高的薪資。

實證研究再一次證實了可替代性的存在：如果相對於高階勞工的成本，低階勞工的成本提高了，此時相較於對高階勞工的需求，對低階勞工的需求會減少，反之亦然。參考目前所有計量經濟學的研究成果，並觀察就業結構在不同時空中發生的重大變化，都顯示高低階勞力的替代彈性一概比勞資替代彈性高出許多（Krussel 等著，1996；Hamermesh，1986；另請參見第二章），這代表我們可以輕易地用機器或較高階的勞工來取代低階勞工，要取代高階勞工卻沒有這麼容易。

不過，租稅重分配的邏輯和價格體系的邏輯，不論在薪資重分配或是勞資重分配的議題上，都沒有得到太多迴響（參見第二章），主要的原因是左派對於是否真能減輕低薪勞工負擔一事抱持懷疑的態度（參見前文）。既然勞務所得實際上如此不平等，人們很難一方面接受每個人的勞動可換取的價格具備資源配置的重要功

能，因此必須讓它自由變動，同時又接受價格體系導致的薪資不均由於違反正義，所以必須透過稅捐和移轉性支付來修正。假如薪資不均是違反正義的，我們為什麼不要求企業發的薪水不要差距過大？勞資重分配的問題也相同（參見第二章）：這個世界充滿五花八門的財貨和服務，給予高階勞工相對高的薪資，而給予低階勞工較低的薪資，看起來多少能夠促進企業和消費者選擇低階勞力密集度高的財貨或服務，而非高階勞力密集度高的財貨或服務，反之亦同。租稅重分配的優點便是能維持價格體系的資源配置功能，同時達成不同勞工間的所得重分配。

**重大的政治議題**——如同勞資替代的議題，薪資不均也是相當重要的政治議題：如果一九七〇年以後薪資不均的幅度擴大，可以用偏向型的技術變遷和個別生產力差距的擴大來解釋，那麼唯一能創造工作機會的方法，就是想辦法讓企業和消費者為不同形態的勞動支付的價格差距依相同比例擴大。如果觀察薪資的 P90/P10 指標，一九九〇年代的美國是 4.5，法國則「只有」3.2（表七）。由此我們可以推論，如果要在法國創造出和美國一樣多的工作機會，或者具體一點，要讓增值當中的勞動占比停止縮減（參見前文），法國勞動價格（含薪資與社福扣繳）第九十個百分位和第十個百分位的比值，也就是 C90/C10 比值，必須再提高 40% 左右，很粗略地說，這就代表所有低薪勞工所負擔的社福扣繳都要取消，改由高薪勞工來負擔。這種方法一向很受歡迎：它藉由社會福利扣繳來調整 C90/C10 比值，而不是真的提高受薪者的 P90/P10 差距，畢竟最低薪的階層本身也是最弱勢的階層，沒有理由要他們承受技能偏向的

技術變遷造成的不利，所以這種政策能符合社會正義的要求；此外，我們在美國看到低教育程度的人口從勞動市場退出的現象（參見第一章），透過社福扣繳來修正不均也是唯一能夠避免此一危機的方法。

事實上，這也是一九七八年之後法國歷任政府努力的方向：過去社會福利扣繳設有上限，使高收入者的負擔其實不如低收入者沉重，不過上限陸續被刪除，例如一九七八至七九年間，以及一九八二至八四年間刪除了醫療補助扣繳的上限，一九八九至九〇年間刪除了家庭補助扣繳的上限，從一九九三年開始，又針對低收入群體降低了上述扣繳的額度。這些政策使勞動成本的 C90/C10 比值從一九九三年開始超過薪資差距的 P90/P10 比值，在此之前 C90/C10 比值都沒有超過後者：具體來說，法國的 C90/C10 比值從一九七〇年的 3.4 降至一九八三年的 2.9，這段期間也是所謂的薪資「大壓縮期」（grande compression），之後指數在一九九五年又回升到 3.4，而 P90/P10 比值則保持不變（INSEE，1996a，p. 51）。這使得法國的處境和一九七〇年代初期的美國很像，當時美國尚未墜入薪資不均擴大的困境（表七）。比較這些數據，看起來法國還差得遠呢！也就是說距離美國 4.5 倍的數字還差得遠，調整社福扣繳的政策應該持續推動並做得更徹底（參見第四章）。

然而，我們必須謹慎看待比較的結果。舉例來說，英國薪資差距的 P90/P10 比值在一九九〇年初期是 3.3（表七），而 C90/C10 則略略高一些，原因是低薪群體所負擔的社福扣繳減輕了，可是即便如此，英國的企業和消費者仍然偏好勞力密集的財貨與服務，相對

來說法國的產出當中薪資的占比卻持續下降（參見第二章）。英國的確一直比法國貧窮，尤其平均薪資是比較低的，根據趨同理論，英國的經濟正處於追趕的階段，所以比較吃香。

### 人力資本不均從何而來？

租稅重分配能減低生活水準不均的程度，因此緩和人力資本不均的影響，但是並沒有改變不均的結構性原因。也就是說，人力資本不均的形成與重分配才是關鍵。此外，貝克這一派芝加哥經濟學家被視為極端自由主義，主要不是因為他們主張人力資本不均導致薪資不均，而是基於他們對人力資本不均是如何形成的理論。貝克和他的同僚主張，取得人力資本的過程可以看成是一種典型的投資：如果投資成本（教師的薪資、大學註冊費、就學年數……）低於投資的「報酬」（取得人力資本後可增加的薪水），市場機制就會找到支持這種有獲利可能的投資所必要的資金，這和完全信貸市場模型對實質資本（capital physique）的投資所做的預測相同（參見前文）。同樣的，如果某個工作的經驗和受訓過程能大幅提高一個勞工的人力資本，他就會願意接受微薄的薪資，甚至願意在受訓期間付錢給雇主，使自己能夠獲得這個工作直到預期的投資獲利實現，當然前提是受雇者能自由和雇主協商契約內容。

假使這套理論可行，會導出兩種不同的結論。首先，針對薪資進行大幅租稅重分配的成本不可小覷，因為重分配會使投資於人力資本的報酬下降，導致個人投資人力資本的誘因降低，最終會造成高薪人口減少，甚至低薪人口也跟著受害。換句話說，如果我們不

讓醫生賺到工人薪資的十倍，以彌補他們漫長的學習過程，再也不會有人願意當醫生來醫治工人，也沒有人來繳高額的稅金。因此人力資本投資理論認為，人力資本供給彈性（與資本供給彈性的定義類同）非常高。有時也會出現另一種補充性的論點：重分配薪資所得不僅會適得其反，更是不正義的，因為每個人選擇不同的人力資本投資，通常是由於對就學年數的長短、工作的困難程度等等有不同的偏好，國家對此不應有特定立場。不過實際上最常聽到的論點是人力資本供給彈性很高，這和勞資重分配面臨的問題一樣。到底在多大程度上，薪資重分配會遭遇投資誘因的問題？可惜的是，相較於理論上的發展，實證研究顯得十分貧乏，依照目前的研究成果，彈性效果應該不如芝加哥學派所說的那麼嚴重（參見第四章）。

　　**符合經濟效率的不平等？**——人力資本有效投資理論導出的第二種結論，就是國家沒有必要介入人力資本不均的形成過程。因為所有能夠獲利的教育投資或培訓投資都已經由市場力量和個人行動的自由運作所完成，任何對教育市場或勞動市場的介入都沒有助益。也就是說，這套理論不只表示單純重分配會導致誘因的問題，因此必須限制重分配的幅度，同時也表示有效重分配根本不可行，因為市場自會達成有效率的資源配置（柏瑞圖意義上的效率；參見引言）。

　　習慣從不平等的世代複製與教育機會不平等的角度思考的人，看到這樣的結論恐怕都難以立刻接受。支持政府教育政策的第一種理由很簡單，就是教育政策的對象是年輕人，他們一般來說無法判斷某種教育投資是否真能有回報，他們的家長也未必更清楚。儘管

經濟學家經常避免使用下面這種「家父長式」（paternaliste）的論點，不過這卻很能反映現實：假設印度的小孩當初依照芝加哥學派的建議，等待市場力量和他們家長的個人行動來推動他們脫離文盲，很可能印度現在仍然陷於落後與悲慘。基礎義務教育可說是最重要的一種有效重分配，關於經濟成長和趨同現象的研究也顯示，若不是這樣的教育政策，西方國家可能無法在十九世紀之後享受生活水準的大幅改善。

　　另一種反對人力資本有效投資理論的論點，自然是信貸市場的不完全性（參見前文）。因為信貸市場不完全會導致貧微出身的人無力負擔長時間的教育，就算他們有能力完成學業並讓這項投資得以獲利。對人力資本的投資而言，不完全信貸市場的影響更明顯，因為這類投資屬於長期性投資，因此很難說借款人的表現足以顯示他很可靠，必能償還教育貸款：大家都知道，如果家長提供足夠的擔保，申請的學生就比較容易得到貸款。這個論點可以用來支持對出身貧微的年輕人提供較積極的教育融資，幫助抵抗對經濟效率有害的人力資本不均等。

　　不過我們必須承認，目前尚無可靠的實證資料足以提供量化數據來衡量不完全信貸市場的程度，而家父長式的論點也無法一體適用於各種層級的教育訓練。自然，我們不只觀察到教育程度明顯受到家庭背景的影響，也觀察到在十歲時學習評量成績相近的孩童中，出身中下階層家庭的孩童一般而言繼續求學的時間會比較短。由此我們可能會下結論認為：這些年輕人之所以無法獲得和其他人一樣的教育，純粹是因為信貸市場不完全。但許多社會學家認為，

此一現象也可以解釋為：中下階層家庭的子女對於花更長時間求學的動機較低，因為周圍的人不會像中上階層一樣期望他們維持家裡原有的良好社經地位（Boudon，1973）。

這項論點可以說是社會學版本的「不同偏好論」，它表示：認為對中下階層年輕人的教育傾注更多公共投資和努力，就能大幅改善機會不平等，這種想法是不切實際的。事實上，出身背景對職業成就的影響明顯超過信貸市場不完全的問題，也超過教育近用機會的問題，因為統計資料顯示，拿到同樣文憑的人在整個職業生涯中仍然持續受到出身背景的影響（Goux 與 Maurin，1996）。更廣來看，教育水平只能解釋整個薪資不均現象的一部分，此一事實經常被用來澆熄那些熱切相信只要教育政策更積極，就能終結不平等的人（Boudon，1973）。此外，如果就學費用真的是最重要的解釋因素，我們應該會觀察到在就學費用主要由私人籌措的國家（例如美國），人力資源的世代複製也會較明顯，而在就學費用主要由政府支付的國家（例如歐洲），世代之間複製的情形應該會比較輕微。但是資料顯示，在教育水平方面，世代間的流動率不論何時何地都沒有太大差異（Shavit 與 Blossfeld，1993），一如所得水準的流動率也沒有明顯的時空差異（Erikon 與 Goldthorpe，1992）。

**教育支出與家庭的角色**——對於教育介入主義抱持懷疑的批評者，一般來說不會否認人力資本不均在家庭內複製傳遞的狀況，相反的，他們會指出家庭所扮演的重要角色導致不均現象必然會延續下去。從貝克和他學生的著作中可以看到（Becker，1991；Mulligan，1996），貝克對於家庭的相關理論著重於家庭在投資子女

方面的決定，他認為這些投資相當重要，國家的任何介入都可能造成反效果。這種思想傳統在芝加哥存在已久，一九六六年美國社會學家柯爾曼（James Coleman）向美國政府提出一份關於弱勢少數群體教育狀況的著名報告引起喧然大波，因為柯爾曼表明以財政手段將資源重分配給弱勢地區學校的做法，對於學生的學業成就和就業狀況的改善沒有任何明顯貢獻。柯爾曼以及他所帶動的一連串研究都得出一個結論：並不是機械性地對弱勢族群的教育投注更多公共支出，事情就真的能有所改變，因為家庭狀況和所處環境早已無可避免地造成各種不平等了。

　　當然大家都會同意，造成不均轉移給下一代的因素比較是「環境因素」而非基因遺傳。心理學家赫恩斯坦（Richard Herrnstein）和社會學家莫瑞（Charles Murray）在一九九四年成了新聞焦點，因為這兩位學者主張，在今日的社會和經濟體系下，不斷對抗智力的不平等不過是浪費時間。他們因此經常被批評是抱持強烈的智商基因遺傳論。事實上他們也承認，根據一些針對隨機領養案例的研究，兒童即使出自社會文化條件極差的家庭，如果出生後就在教育程度較好的家庭中成長，也會和這類家庭中的親生子女表現得一樣好（Herrnstein 與 Murray，1994，p. 410-413）。但這並不是真正的重點。如果關鍵的環境因素主要在於家庭環境，尤其是幼年時期的家庭環境（家中的書籍、與父母的對話等等），導致這種在家庭中傳承而來的不平等難以扭轉，那麼其結果和基因差異沒有太大不同。不論是赫恩斯坦和莫瑞，還是再早三十年的柯爾曼，都十分強調對弱勢家庭投注的教育資源究竟有多大影響，並不是一件容易評

估的事，因此繼續這樣的做法並沒有用。

　　如果他們的理論是成立的，那麼企圖改變人力資本分布不均的做法終將徒勞無功：更好的做法是透過移轉性支付，將大部分可用資源挹注於改善生活水準的差異，不過其幅度必須受到人力資本供給彈性的限制。

　　**人力資本分散的無效率問題**──這樣的結論引發無數論辯，柯爾曼的報告便在美國掀起論戰。較晚近的著作使用更好的指標來衡量給予弱勢地區的額外教育支出有多大成效，結果顯示上述結論偏離事實甚遠（Card 與 Krueger，1992）。不過柯爾曼這類論點也有許多詮釋可能性。其實我們可以這樣說：教育支出的效果不強，並不是因為家庭環境才是真正影響子女學業成就的因素，而是由於居住區域和學校裡學生的社會組成帶來的效果比教育支出本身更強大。

　　換句話說，我們可以合理認為，學業成就能達到什麼程度，與其說取決於教師的「素質」，不如說取決於同班同學的「素質」，在中小學階段尤其如此：將一個通過國家高等教師考試（concours de l'agrégation）的老師送到較貧困的郊區學校，對提高學生學習效果沒有太大幫助，但如果把貧困郊區的高中學生送到巴黎市內的高中，他們很可能會展現長足的進步。這種假設已經因為美國「國民收支動態追蹤調查研究」（Panel Study of Income Dynamics）豐富的跨世代調查資料而得到證實；這些資料顯示，在所得和教育水準相同的家長當中，其子女的社會流動可能性會和家長相同或是家長的兩倍，視家長所居住區域的平均所得水準而定。這些調查結果顯

示，經濟學家長期從學校班級的微觀經濟層次衡量的「地方外部性」（externalités locales）效果，會對不均現象的整體動態帶來實質影響，影響程度與家長特質具有的效果相近（Cooper 等著，1994）。

像柯爾曼那樣的負面結論，與其說是反對將財政資源重分配給弱勢地區的學校並且鼓吹放任政策，不如說是提醒我們有必要採用更徹底的重分配工具，例如以更大膽的方式劃分學區，迫使不同背景的家長都將小孩送到同一所學校，畢竟我們無法真的讓這些孩子共同生活（雖然這樣會更理想）。這樣的政策在許多國家都有，只是一般而言規模有限：例如將家長可選擇的學校限制在一定範圍內，避免同一階層的家庭過度集中，可是這種學區劃分一般只能做到讓同一個區域的小孩都上同一間學校，導致社會融合（brassage social）的實際成效十分有限。美國曾於一九六〇至七〇年代在幾個城市短暫實驗過一些更基進的政策，利用校車接送制度（busing）讓一部分住在好區的學童搭校車到比較差的區域上學，反過來也讓壞區的學童坐校車去好區上學，實際上的效果通常是不同膚色的學生因此在一起上學。這些政策象徵著民權運動（civil rights）時期的尾聲及其成就，也在好區的家長間引發劇烈的反對聲浪。這種敵意在美國社會完全可以想見，因為美國家長習慣聯合同一區的家長一起監督學校、學校的教學計畫，以及學校的老師。

不過，將自己的子女送去某間學校的個人決定也會對其他人的子女產生一定影響，不過由於價格體系（例如房屋價格）的無特徵性，家長無法得知自己的選擇對他人會產生怎樣的外部性。因此我們也會發現，即使推動社會融合能嘉惠弱勢兒童的程度高於優勢兒

童所付出的代價，個人的居住選擇依然會導致社會隔離的結果（Benabou，1993）。理論上，社會融合應該對每個人都有好處，例如弱勢者的學業和職業成就改善後，優勢群體繳納的稅金會減少，減少的數額可能高於他們為社會融合政策付出的成本，不過要是沒有集體的規範，理想中的社會均衡永遠遙不可及。因此，即使是簡單的規範，例如規定每個區域、每間學校的家長平均所得都必須相同，長期下來將可以為所有人帶來實質的好處。

　　**勞動市場的歧視**——另一種社會經濟機制同樣會造成缺乏效率的人力資本不均，那就是勞動市場的歧視機制。這套理論最早是由菲爾普斯（Edmund Phelps，1968）和亞羅（Kenneth Arrow，1973）在研究對美國黑人弱勢群體的歧視時所提出，但也可以運用在任何個人特質會被雇主辨識出來的群體，例如女性、印度的低階種姓、長期失業人士，或更廣泛來說，可用在任何出身背景會造成負面偏見的群體。這套理論的出發點很簡單。首先，假設雇主認定某些社會群體勝任需要高階人力資本的工作的可能性，客觀上比其他群體來得低。由於雇主無法完全瞭解求職者確實的能力與積極程度，因此雇主只能依據不完整的資訊來決定誰足以勝任某項職位，例如透過測驗成績、面談結果、或一份履歷。既然雇主認定有一些群體比其他群體擁有足夠人力資本的可能性「應該」比較低，那麼除非這些人的測驗成績出奇的高，否則他們不會得到聘用，也就是說雇主對這些人設立的門檻比其他人高。受到歧視的群體面對雇主的行為，會有什麼反應呢？既然不太可能應徵到能力要求較高的工作，他們為人力資本付出的必要投資的平均程度往往會降低，換句

話說，除非相信求職面試時有可能得到特別好的成績，否則他們不會特別加強自己的能力。舉例來說，只有對自己的價值相當具有信心的人，才會投入充滿風險的漫漫求學之路，才會非常認真準備工作面試等等。也就是說，他們的行為會使雇主的成見得到印證，再次認定這個群體的人力資本平均水準一定比較低。據此，即使這兩個群體（例如黑人和白人）一開始擁有完全相同的能力，可以取得較高的人力資本，或者從經驗上來看，假設其中一個群體因為社會背景比較差，獲得人力資本的能力一開始就稍微低了一點，雇主的成見和成見引發的反應之間的不良互動，很可能會導致這兩個群體在人力資本與就業上的不平等持續加深而難以改善（Coate 與 Loury，1993）。

這種人力資本不均是徹底不符合經濟效率的，因為究其根源，無非是雇主「信念自我實現」的結果，況且讓兩個能力相同的群體能夠進行相同的人力資本投資，才是符合經濟效率的。因此，這種不均等完全沒有好處可言。這種關於不均的理論和一些社會學理論不無相似之處。這些社會學理論認為不平等往往是一種主導論述的產物，這種論述一再強調弱勢群體社會攀升的機會薄弱，最終造成弱勢群體失去信心，變成負面的自我實現（Bourdieu 與 Passeron，1964；1970）。

**優惠性差別待遇**（affirmative action）**與移轉性支付**──這些理論都具有重要的政治意涵，因為如果不平等現象有一大部分是源於上述的不良機制，代表有必要找尋新的重分配工具。例如，歧視理論提出的解決方案是使用法律手段來幫助弱勢群體對抗雇主的歧

視，具體的形式可能是賦予雇主義務，要求他們證明每個雇用或升職的決定都是依照客觀的標準，而不是因為對方所屬的群體而有所偏好，甚至可以要求雇主針對不同的弱勢群體設定配額或採取「積極的差別待遇」（discrimination positive），藉此粉碎不平等和「信念自我實現」的惡性循環。這類「優惠性差別待遇」政策從一九七〇年代開始在美國快速發展，以保護黑人、女性和其他弱勢群體。這些重分配措施相當類似以往透過勞動法對雇主恣意行為加以限制的加強版，這種措施與主張人力資本不均應符合經濟效率的人所支持的重分配工具完全不同：後者認為只需要提供移轉性支付給人力資本過於薄弱的群體，並且依人力資本供給彈性決定重分配的幅度，此外也不可干涉生產過程。舉例來說，赫恩斯坦和莫瑞（1994）認為歧視這項概念有待商榷，他們主張因為黑人家庭讓低人力資本和低智力水準一代一代傳下去，才造成種族不平等的現象無法消失。

　　具體的事實資料是否能讓這項論辯有所進展呢？美國黑人遭受歧視的紀錄相當多，如果要解釋紀錄中的事實，很難不大幅援引歧視理論。佛里曼（Richard Freeman，1973）指出，黑人和白人的薪資差距在一九六五年後、或說民權運動時期之後減少了，原因只有一個，就是負面成見和連帶的壓抑力量都逐漸消失（亦請參考Bound 與 Freeman，1989）。不過最好的例子應屬一九五〇年後女性在勞動市場地位的顯著提升，要說明此一進展，不可能不援引關於各種偏見、論述及歧視行為如何製造不平等的理論。在所有西方國家中，女性投入勞動市場的比例從一九五〇年的 10% 至 20% 左右，提高到一九八〇年代的 50% 以上（OECD，1985）。女性在勞

動市場的地位到一九八○至九○年代仍在持續改善：在薪資不均普遍加劇的大環境下，美國女性的平均薪資卻比男性增加了 20%（Blau 與 Kahn，1994），在大部分的已開發國家也是如此（OECD，1993，p. 176-178）。沒有任何一種移轉性支付制度能為女性的經濟地位帶來如此驚人的進展。

此外，採行「地中海式」稅制的國家也出現了這樣驚人的薪資提升。地中海式稅制不鼓勵女性投入勞動市場，法國的家庭補助金制度就是一個例子；相反的，英語系國家和斯堪地納維亞國家只針對個人課稅，不針對家庭課稅。這項事實顯示，有些源自於嚴重歧視的不平等現象，例如黑白種族不平等和男女不平等，透過優惠性差別待遇措施以及改變大眾思維所達到的改善效果，遠高於任何一種租稅重分配措施。

然而，即使知道某種不平等的原因是歧視，也不代表能夠很快改善，遑論徹底消除。以美國的優惠性差別待遇措施為例，一九九○年代大部分的觀察家都認為成效好壞參半，尤其是在種族不平等方面。實際上，設定某種配額，要求雇主雇用一定比例的有色人種，會加深雇主對黑人的偏見，雇主會認為「這些人之所以夠格被錄取，是因為我們被迫錄取他們」，另一方面也會降低黑人跟一般人共同競爭的誘因，這正好和原本的目的背道而馳（Coate 與 Loury，1993）。正因如此，不少觀察家反對配額制度。優惠性差別待遇措施不甚成功，促使保守派自一九八○和九○年代以來大力反對各種社會方案。黑人在勞動市場的地位從一九七○年代以後逐漸惡化的狀況，助長了保守派的氣勢，然而究其實，黑人勞動地位的

惡化單純是勞資不均普遍擴大的副產品，去工業化的浪潮毫不留情地衝擊黑人勞工，其中又以美國北方最為嚴重（Wilson，1987）。

## 薪資不均的社會因素

有些薪資不均無法僅用背後的人力資本不均來解釋，不論此種人力資本不均是否符合經濟效率。舉例來說，雖然薪資結構應該由人力資本的供需決定，但有些經濟主體（工會、雇主）會試圖依照自己的利益左右薪資結構。還有一些理由，譬如為了提高員工的動力，雇主可能會考量各種有關的因素，而不只是受雇者的人力資本水準，如此一來即使沒有人刻意操縱勞動市場價格，還是可能出現明顯違背人力資本理論的狀況。在薪資的市場競爭價格之外出現其他價格，是好事還是壞事？這種形成薪資不均的過程，是否會改變我們思考勞務所得重分配的架構？

### 工會在薪資形成過程中扮演的角色

工會做些什麼？傳統經濟學分析給出的答案很簡單：工會在決定薪資的過程中握有獨占性的權力。工會具有獨占性權力，是因為法律將權利交付給工會代表，讓他們代表廣大受雇者的利益參與議定薪資水準的程序，不讓任何一個員工用較低的薪資付出他的勞力。不過，就像一個具有獨占地位的企業會提高售價，不惜失去一些客人，工會也會要求比沒有工會時可能拍板的數字更高的薪水，即便就業量可能會因此減少。但我們也不該忽略，一般來說工會爭

取的不只是提高薪資平均水準，同時也為縮小企業內部的薪資等級差距而奮鬥，他們透過薪資標準表來框限不同學歷和經驗對應的薪資水準（Freeman 與 Medoff，1984）。

無論如何，工會用來提高勞務所得的一般水準和減少受薪者內部差距的工具，並不是有效重分配的工具。我們在前面已經看到，只要勞動與資本之間或不同形態的勞動之間在整體經濟層面上有替代可能性，凡是想透過控制人力資本與勞動價格體系來達成重分配的措施，終歸是不符合經濟效率的（參見第二章及第三章）：如果工會成功達到目標，企業必定會增加資本投入、減少勞力投入，多用高階勞力而少用低階勞力。基本事實是，同樣的重分配幅度，使用租稅重分配手段總是更具經濟效率，因為對高薪群體課稅，再以移轉性支付分配給低薪群體，這樣才能讓企業支付的價格和受雇者獲得的價格區分開來。所以問題不在於勞資重分配或受薪者內部重分配的幅度是否一定要很大，因為我們知道這個問題還涉及許多因素，問題在於重分配的手段為何。這是否代表工會在議定薪資水準上的權力應該縮減？

**工會可以取代租稅重分配嗎？**──針對上述問題，第一個答案是：減少工會權力不會改善重分配的效率，除非工會權力限縮之後，確實能讓國家主導的有效租稅重分配取代工會主導的無效重分配。實務上遇到的困難，明顯在於重分配的幅度無論如何界定，都無法讓所有人滿意。假設政府認為一個低階勞工每月收入 760 歐元是合理的，而教育程度高的白領幹部每月收入應該是 4,575 歐元，理由可能是政府認為這樣才能維持讓人想提高教育程度的誘因。如

果工會不贊成，認為低階勞工每月應該領 1,525 歐元，而幹部應該領 3,810 歐元，工會唯一能爭取的手段就是施壓要求雇主依照這個數字制定新的薪資標準，或至少要接近這個數字。當然，更好的方式是從幹部課徵 760 歐元的稅金，再給低階勞工 760 歐元的移轉性支付，如此企業便不需要增加給低階勞工的薪資、也不用減少給幹部的薪資，避免企業因此減少低階勞工的職缺、增加幹部的位子，導致更嚴重的失業問題。但是工會沒有權力調整稅制和移轉性支付制度。從歷史來看，這一類矛盾正是工會存在的原因：當工會認為政府沒有正確履行重分配的任務，它們就取而代之，透過社會抗爭和它們能掌握的直接重分配工具來達成目的。

另一方面，儘管工會能動用的手段十分有限，但租稅重分配工具的效果卻經常十分飄渺：我們又再次遭遇第二章談到的歷史時間跨度和政治時間跨度的衝突。實際上，就像勞資重分配一樣，從來沒有一種租稅重分配能顯著地大幅減少受薪者內部的薪資不均，即使技術上一向是可行的。歷史上很少看到大規模的租稅重分配，一般都是採取社會性支出的形式，而非在受薪者內部進行金錢的移轉（參見第四章）。再說，租稅重分配總是以極緩慢的速度逐漸施行，必須等待非常長的一段時間才能感受到效果，難以回應社會運動或政治抗爭的訴求。更簡單地說，這麼久的時間對一個世代的人而言大概已經沒有意義。

相較之下，左右薪資決策、直接達成重分配的路線雖然不符合經濟效率，效果卻更實在。例如法定最低薪資的購買力淨值在一九六八年至一九八三年之間增加了大約 92%，讓法國薪資差距的

P90/P10 比從一九六七年的 4.2 下降到一九八三年的 3.1（雖然這段期間平均薪資僅提高了 53%），從當時的社會背景來看，工會的力量十分強大（參見第一章及 INSEE，1996a，p. 44, 48）。同樣的，英、美兩國自一九七〇年代之後薪資不均便明顯升高，超過其他西方國家，兩國工會的勢力也是各國中衰落最劇的，主要原因是遭受政治力的打壓。

與此同時，受薪者內部的薪資不均在西方各國皆相對穩定，這些國家的工會覆蓋率相對來說都很高，也就是集體協商能影響到的薪資階層相當廣泛，雖然此時工會化（syndicalisation）的比率正在下降，例如德國和法國便是如此。要解釋一九七〇年代之後西方國家薪資不均的現象為何出現南轅北轍的變化，這是一個重大的因素，因為 20% 到 40% 的薪資差距可以由此得到解釋（Card，1992；Lemieux，1993），但是簡單的人力資本理論和技能偏向型技術變遷理論完全忽視了這個因素。工會主導的重分配可能會犧牲一些工作機會，不過重要的是，美國和英國並沒有用更有效的租稅重分配取代工會主導的重分配（即使欠缺經濟效率），事實上，這兩國還有意減少租稅重分配的分量。如此一來，工會便可能取代租稅重分配的角色。

**工會是經濟效率的因子？**——關於工會權力是否該縮減的問題，第二個答案是工會有時也能扮演促進經濟效率的因子。論及工會的正面作用，傳統上的說法當然就是工會能夠代表所有勞工，和企業之間達成最好的溝通。此外，工會如果透過協商，要求設立新的薪資標準，同樣能夠帶來正面作用，前提是要符合一些條件。例

如，簡單的人力資本理論往往忽略一件事：一個勞工的教育程度和工作熟練度未必走到哪裡都有同等價值，因為不同的企業未必都會給予他最好的薪資。

同樣的人力資本往往只在特定企業才具有特定的價值，這個事實意味著人力資本市場實際上永遠不會是完全競爭市場。如果一個勞工為了得到某個職位，付出心力與金錢做了必要的投資，使自己具備足夠的技能，公司還是可能發給他遠低於其價值的薪水，因為他的技能無法完全發揮在別家公司。顧慮到他在人力資本上的投資可能會遭受剝削，這位勞工便會有所保留，不願投注十足的心力來提升技能，如果他能確定付出一定會有回報，態度肯定大不相同。由此可見，如果事先設定最低工資，限制企業不得低於此限，不但能夠解決這個問題，還可以避免勞工的有效投資未能反應在薪資上，由此改善經濟效率。更廣泛來看，事先設定薪資或薪資級距，規定企業對於具備什麼樣技能、擔任什麼樣職務的勞工，一定要依此標準給付薪資，將會鼓勵求職者取得更多特定的人力資本，而不需要擔心遭到雇主的剝削。

這種現象不只和人力資本的特定性有關。其實透過設定薪資標準來避免剝削，也有助於企業投資自己的員工，從而得到好處。舉例來說，許多德國企業耗費鉅資成立教育及實習中心的舉措令不少外國觀察家驚訝不已，因為一般而言實習課程不用付錢，實習生也沒有義務留在這家公司工作，而且德國企業出資開設的訓練課程很大一部分都是培養通用技能，受訓後一樣可為其他企業所用。最有說服力的解釋是，因為德國強制同一個產業部門依照標準化的規範

訂定起薪及每級加薪的數額,企業不會害怕實習生一受完訓練就被別間公司挖角(Harhoff 與 Kane,1994)。

　　這些薪資關係中的特徵(例如特定的人力資本、有所保留的投入等等),皆意味著勞動市場需要某些集體規範才能有效運作,具體措施就是強制企業訂定薪資標準(Piketty,1994,p. 788-791),也可以由政府介入,更廣泛地透過職業訓練的方式修正市場欠缺效率的問題(Booth 與 Snower,1996)。理論上,某些國家會維持嚴格的薪資標準,是因為這種限制薪資不均擴大的工具雖然成本高昂且缺乏經濟效率,卻有助於促進新的人力資本投資,避免人力資本進一步走向不均。不過,上述論點顯然無法證明在任何情形下、任何一種由國家集中訂定的薪資標準都是合理的,除非有其他經驗證據的支持。例如,一九七〇年代之後,嚴格的薪資標準讓一些西方國家成功避免薪資不均惡化,但是我們不能百分之百肯定,因為有嚴格的薪資標準才促使許多人為將來的就業和薪資進行相關的投資。

### 雇主的買方獨占力

　　雖然傳統上大家都認為工會擁有獨占性權力,可以左右薪資的競爭結構,歷來也遭受諸多批評,經濟學家卻很少承認雇主在某些情形下握有對等的權力。雇主握有武斷權力,而勞工和工會的權力則與之抗衡,這是一般人普遍的看法。用經濟學家的話來說,工會的獨占性權力邏輯上對應於雇主的買方獨占力。所謂買方獨占(monopsone)的情形,意指某項財貨只有一個可能的買家,相對

的，獨占（monopole）意指某項財貨只有一個可能的賣家。一個獨占市場下的賣家會選擇把財貨價格訂得比市場競爭價格高，就算這樣會造成客人購買的數量減少；同樣的，在買方獨占情境下，買家也會選擇只付出比市場競爭價格更低的數字，即便供應商願意售出的財貨數量會減少。由此可見，操控市場競爭價格，不管是為了買家還是賣家的利益，都會造成交易量減少。就勞動市場而言，一位處於買方獨占情境的雇主會訂定比市場競爭薪資價格更低的數字，不在乎是否會影響一些勞工的勞動意願，也不在乎是否會導致就業量下滑。

　　如果情況確實如此，這對重分配政策有很重大的影響。首先，藉由移轉性支付來改善受薪者的生活會變得不符合經濟效率，因為雇主會藉機降低薪水，使這些移轉性支付最終還是被雇主拿走。此時，符合經濟效率的重分配措施應該要從提高法定最低薪資著手，讓雇主所付的薪資接近市場競爭價格。如此一來，也可以提升勞動供給和整體就業水準。和我們習慣的看法不同，直接重分配此時會比租稅重分配有用，因為直接重分配有助於恢復勞動市場的競爭均衡，接下來租稅重分配就可以接棒，進行下一步的重分配。這是最理想的重分配，一方面可以改善受薪者的生活，一方面又能減少失業，還不用花費稅收的一分一毫！

　　為什麼雇主會有買方獨占力？原因在於人力資本的特定性，也就是勞工某種程度上不得不繼續為同一個雇主提供勞力（參見前文），或更廣泛地說，原因在於有些勞工欠缺地理移動能力或缺乏其他工作機會的資訊，導致他們對雇主百依百順。原因也許更簡

單，買方獨占力可能是來自一大群雇主相互合作，或甚至所有雇主都形成結盟關係，訂定他們自己想要的薪資標準，不用擔心其他雇主用更優沃的薪水搶走員工。不過，認為資本家聯手制訂薪資這種說法，難以從實證資料得到證明。舉例來說，用這種方式解釋美國一九七〇年之後薪資不均惡化的現象，並不符合現實。美國薪資不均惡化最特別的一點，在於當時的勞動市場其實是極度競爭的：律師、醫師和經理人的所得在一九七〇年後之所以水漲船高，不是因為資本家集體決定要將勞動市場劃分成高低兩塊，相反的，是因為不論企業或個人都彼此競爭要獲取這些人的服務，不斷提出更高的報酬想把對方網羅過來。這完全不代表我們應該接受這種過程造成的生活水準差距，也不表示我們需要認為這種過程完全符合經濟效率。但這告訴我們一件事：如果要解釋這些具體事實，雇主具有買方獨占力的假設顯然不是合適的模型。

**當最低薪資攀升使就業水準提高⋯⋯**——然而，即使買方獨占不能解釋薪資不均的整體變化，也不代表在某些區域不會出現買方獨占的現象，尤其是在一些教育程度和地理移動能力都不高的勞動市場。從一九九〇年代初期開始，美國就有不少相關研究問世，重新開啟這場論辯，其中最值得一提的便是卡德（David Card）與克魯格（Alan Krueger）一九九五年出版的著作。他們根據一九八〇年代和九〇年代美國各州在不同時期所訂定的法定最低薪資，提出極具說服力的研究成果。他們指出，最低薪資調升對就業量的影響一般而言是正面的，但是都十分微小。其中最廣為人知的就是他們針對紐澤西州速食業的研究：他們發現自從該州於一九九二年提高

最低薪資後，當地的整體就業量也跟著提高（Card 與 Krueger，1995，chap. 2）。經濟學者凱茲（Larry Katz）也做過相關研究，他在柯林頓總統第一任任期內曾是勞動部的「首席經濟學家」，其研究確實影響了柯林頓，讓他決定在一九九六年將聯邦最低薪資從時薪 4.15 美元提高到 5.20 美元，相當於提高了 20% 以上。在此之前，聯邦最低薪資的購買力在一九八〇年至一九九〇年代初這段期間下降了 25%。

不過提高最低薪資為何能夠帶來這樣的正面效果，確切的原因仍在爭論中。會不會就像最簡單的買方獨占理論說的，原因可能是低教育程度人口欠缺地理移動能力，所以他們只能默默接受在地速食店龍頭所提出的薪資，因此最低薪資提高之後不但沒有造成勞動需求減少，反而還吸引更多年輕的低階勞工投入勞動市場？其他一些研究則認為，就業水準的提升主要是因為最低薪資的增加吸引了教育程度較高的年輕人，促使他們離開高中，占走教育程度較低的年輕人的工作（Neumark 與 Wascher，1994）。

無論如何，如果最低薪資低到像一九八〇年代末期到九〇年代初期美國的水準，低階工作就會變得非常缺乏吸引力，此時只要最低薪資開始提高，就會造成勞動供給回溫，就業水準也會改善。進一步來說，如果地方勞動市場有可能形成買方獨占，甚至只要人力資本的特定性有可能形成買方獨占，這個理由就足以支持國家訂定法定最低薪資，如此一來即使是買方獨占，雇主也無法過度剝削。

### 效率工資與合理工資

如果沒有工會的獨占、沒有雇主的買方獨占、沒有最低薪資、自由競爭市場也沒有明顯的不完全問題，在這種情形下，企業為不同形態的勞動付出的薪資是否就會如簡單的人力資本理論所說，單純依照供需關係決定（參見前文）？這個問題似乎很荒謬，畢竟在任何勞動市場的組成中，都少不了想盡量爭取薪資的工會、認為自己只出得起一定薪資的雇主，以及試圖仲裁並達成重分配目標的國家。不過，如果討論的是法律賦予工會的權利（如罷工權、禁止雇主增加員額等）是否造成薪資和市場競爭價格產生差距，或是討論沒有這些權利或缺少部分權利時，薪資和市場競爭價格之間是否還會存在差距，這樣的問題倒是有意義的。

如果市場競爭讓雇主無法開出比市場競爭價格還低的薪資，那麼雇主會選擇提供較高的薪資，理由又是什麼？這是因為如果提高薪資，雇主可以從勞工身上得到更多的回報。讓我們設想一下，假設雇主不可能無時無刻監督員工工作時是否夠認真，那麼給予員工比市場價格更高的薪資可以讓他更有工作動力，因為他會認為如果被辭退，就會損失薪資差額。實際上我們也觀察到，如果某個產業或某種職位的工作情形是不容易管控的，薪資方面就會出現無法用人力資本差異解釋的差距（Krueger 與 Summers，1988）。這套理論不只經常被用來分析一九八〇年代到九〇年代歐洲國家的失業問題（可參考 Phelps，1993），它的另一層意涵是，如果所有企業為了激勵員工都決定調高薪資，那麼就業量會減少，讓人保有工作動力的因素則是失業期間會損失的薪資。這種效率工資（salaire d'efficience）模型還有一種變化型，它假設在不想被辭退、不想損失部分薪資的因素之外，一位受雇者如果認為得到的薪資是公平合理的，在工作上就會更配合。在這種情形下，企業就有動機提供接近合理水準的薪資，雖然如此一來可能造成就業量減少、失業人口增加（Akerlof 與 Yellen，1990）。個人對公平合理的看法在薪資水準實際的決策過程中往往影響甚鉅（Kahneman 等著，1986；Bewley，1994）。此時我們可以把失業看成分配衝突的結果，即使沒有工會參與其中。上述模型對重分配政策的啟示十分清晰明瞭：租稅重分配應該盡量讓人感到公平合理，透過減少低薪階級身上的稅捐負擔，將之轉嫁給企業的利潤和（或）高薪階級，來解決直接重分配欠缺經濟效率的問題。

**各國傳統與薪資不均**——更廣泛來說，人力資本理論即便將工會和雇主對薪資的操控納入考量，其基本觀念仍是我們必定能夠評估每一種技能對生產過程的貢獻，因此人力資本永遠都具有可以客觀衡量的基礎。然而，關於歧視以及人力資本特定性的議題讓我們看到現實的複雜。總的來說，對於不同水準的人力資本能提供多少生產力，評估的結果往往南轅北轍，正因如此，人們對不均等的感受也會有各種差異，並且與每個國家獨特的歷史習習相關。

舉例來說，羅騰伯格（Julio Rotemberg，1996）便指出如果勞工相信雇主對他們生產力的評價正確合理，此時薪資不均會增加，因為生產力被認定不高的人會接受這樣的結果，至於生產力被認定很好的人則會以離職做為威脅手段來擡高身價，這個讓薪資差距完全拉開的過程，可以用來解釋為什麼英、美這些自七〇年代以來

「對資本主義的信仰」愈加堅定的國家，也成為薪資不均擴大最多的國家。美國自七〇年代以後薪資不均的擴大，最主要是企業領導階層的薪資爆炸（Godsbee，1997；Feenberg 與 Poterba，2000），此事證明上述論點是正確的，畢竟我們無法想像這些高階幹部真正的生產力竟有可能在短時間內飆升到這麼高。

　　同理，我們也很難解釋為何一九六七年的 P90/P10 比值是 4.2 的法國，竟然是一九六〇年代末、七〇年代初西方國家中薪資最不均等的國家，更不要說法國人對於不平等有多麼敏感。這和當時法國的人力資本不均是否真的比較嚴重並沒有太大關連。儘管法國人一向不太接受這個事實——當經濟合作暨發展組織在一九七六年提出一份報告，指出法國是一九七〇年代初西方國家當中不均指數最嚴重的國家，法國政府的反應是大為震怒——然而這個狀況卻和嚴重的「法蘭西菁英主義」（élitisme républicain）大有關係。抱持這種心態，使人們高估了從高等學院（grande école）畢業的幹部階層和一個工人之間生產力的真實差距，儘管幹部或工人同樣都接受過法蘭西共和國的基本教育，但大家也知道花在每個綜合理工學院（école polytechnique）學生身上的經費比普通大學生高上十倍。法國人這種才能至上的教育觀，也表現在取得學校文憑之後薪資差距便大致固定的現象當中。相較之下，德國人一生中薪資階層流動的可能性就大得多（Morrison，1996，p. 111），他們的社會不但更平等，對勞工的誘因也沒有因此缺少。

　　當然，相較於不平等在歷史上達到的程度，國與國之間的差異顯得相當小（參見前文）。不過這些差異對於當代的觀察者來說往

往已經足夠令人擔心。尤其這些差異有時候肇因於不同國家深層的制度差異，例如德國對勞工的職業訓練與管理制度，或是法國對於教育支出的菁英主義，而每個社會自己獨特的思維傾向會使這些差異擴大和變形，也正是這些獨特的思維傾向使每個社會不平等的歷史各有不同，這不是單純的人力資本理論可以解釋，租稅重分配也只是隔靴搔癢。需再補充說明的是，最新的研究結果指出，美國的薪資不均從一九八〇年代開始急遽升高，與企業領導階層的薪資飆漲有密切的關連。這個驚人的現象很難用高階幹部的生產力來解釋。比較合理的說法是高階幹部的協商能力增強了，對自己薪資的決策權力也增強了。這是高薪階層的超額稅率大幅調降的結果，過去在一九三〇至一九八〇年間，高薪階層的超額稅率至少有 70% 到 80%，甚至更高。從這個例子可以深刻體會到，稅制對於薪資的構成和稅前的差距有極大影響（Piketty，2013；Piketty、Saez 與 Stantcheva，2014）。

# 4 │ 重分配的工具

　　前兩章說明了，想要確認合適的重分配工具為何，我們有必要先瞭解造成不均的社會經濟機制。本章將會更深入分析幾種較重要的工具，除了要與當代社會實際的重分配經驗做對照，也會將前面在引言所提到、在第二和第三章也多次重提的一組概念，也就是單純重分配和有效重分配之間的差別再加以說明。

## 單純重分配

　　單純重分配工具的首選就是租稅重分配，它藉由稅收和移轉性支付來修正市場力量和期初資本不均導致的所得不均，卻能盡量維持價格體系的資源配置功能。此處我們將著重於勞務所得的租稅重分配，至於資本所得的課稅與重分配，我們已在第二章分析過一些

相關的特殊問題，況且資本所得與就業所得相較之下比重也不高。

## 重分配的平均稅率與邊際稅率

　　應該如何衡量現今各國實際施行的租稅重分配？從實務上來看，現代的租稅重分配其實建立在一套複雜的稅捐（所得稅、商業增值稅、社會福利扣繳……）、移轉性支付（家庭補助金、失業補助金、最低生活救濟金、退休金……）以及直接由國家負擔的支出（公共衛生支出、教育支出……）。為了綜合說明一個國家當中稅捐和移轉性支付的分量，常見的做法是計算所有相關稅捐之總額占國民生產毛額多少百分比。舉例來說，美國或英國政府收取的各種稅捐占國民生產毛額的 30% 至 35%，在德國或法國則占 45% 至50%，在斯堪地納維亞國家則占 60% 至 70%。這種衡量方式其實相當粗略，因為它無法呈現稅捐、移轉性支付、公共支出三者比例如何。另一方面，各國會計準則的不同往往也使得上述計算結果缺乏共同的比較基礎。例如在瑞典及許多北歐國家，退休金和大部分來自政府的移轉性所得都必須和其他種類的所得一樣納稅，因此這些國家國民生產毛額中稅收的占比會增加大約 10%，這完全是由於計算方式的設定不同。法國的情形也一樣，退休金之所以能提高，完全是由於退休人士需繳納的一些扣繳金提高了，一望即知，這完全沒有改變任何實際上的重分配！

　　唯一能正確衡量租稅重分配的方法，便是使用稅捐和移轉性支付的實質平均稅率與實質邊際稅率。某個所得階層的實質平均稅率，指的是所有稅捐和移轉性支付的總額在所得毛額中所占的百分

比，所得毛額指的是尚未計算納稅額以及移轉性支付之前的總體所得。每個所得階層的實質平均稅率可能是正的，也可能是負的，端視付出的稅捐總額比得到的移轉性支付高還是低。至於兩個所得階層間稅捐和移轉性支付的實質邊際稅率，計算方式如下：從一個薪資階層移動到另一個階層時，個人必須多支付的稅捐和可以多領取的移轉性支付之差額合計後，除以薪資毛額的差額，並將計算結果以百分比表現。一般來說，實質邊際稅率會是正的，因為一般來說當所得毛額增加時必須繳納的稅捐也會增加，但原則上也可能是負的，例如所得提高也可能伴隨著移轉性支付提高，導致稅收淨值降低。

　　實質平均稅率和實質邊際稅率要符合「實質」，前提是所有（至少大部分）稅捐和移轉性支付都要計算在內。尤其所有的社會福利扣繳都應該計入，包含雇主負擔：我們前面討論過，雇主負擔其實並沒有從資本重分配給勞動，而且結果還是相當於從勞工身上取得這筆錢（參見第二章）。理想上，公共支出創造的非金錢給付的移轉性支付也應該計入（參見後文）。圖二呈現了一九九六年法國薪資分布每十分位的實質平均稅率和實質邊際稅率，以每人為單位計入所得稅、社會福利扣繳和社會福利金（最低生活救濟金、房屋補助等，Piketty，1997）。

　　**如果沒有受薪者內部的重分配**——首先，圖二告訴我們每個十分位階層的實質平均稅率都是正值：除了薪資接近最低生活救濟金的階層獲得的房屋補助極低之外，沒有子女要扶養的受雇者也不會得到任何直接以金錢給付的移轉性支付。低薪又有子女的人，其實

質平均稅率也是正值，因為他們得到的家庭補助金一向都比繳納的
稅額低，除非子女數特別多。更值得注意的是，圖二顯示實質平均
稅率在各階層間幾乎沒有差異：對薪資最低的前 10% 至 20% 而
言，實質平均稅率落在 45% 左右，對薪資最高的前 10% 至 20% 而
言，實質平均稅率落在 55% 左右，而大部分階層的實質平均稅率
都是 50% 左右。原因很簡單：社會福利扣繳占的比重要比所得稅
累進稅率的增幅大得多。舉例而言，不管你是領最低法定薪資的小
螺絲還是公司總裁，所有受薪者都必須負擔薪資扣繳以做為公共醫
療保險的財源，這筆扣繳額在一九九六年相當於薪資毛額的
6.8%，大約是薪資淨額的 8.5%。薪資淨額的 8.5%，相當於當時一
對夫妻加一名子女、月收入兩萬法郎的家庭需繳納的所得稅。但是
6.8% 的公共醫療保險扣繳大概只占所有社福扣繳的十分之一多一
點，而所有社福扣繳的總額相當於薪資毛額的 65%（其中 20% 為
薪資扣繳，45% 為雇主負擔）！

　　這個觀察結果也適用於有子女的家庭：對薪資低層的人來說，
家庭補助金自然在他們的額外所得中占了較多的分量，但是家庭商
數（quotient familial）的制度設計讓高薪階層需繳納的所得稅減少
更多，使得實質平均稅率的曲線相對平緩。當然就如圖二中「薪資
無限」一欄所示，如果薪資已經高到超過家庭商數和各種減免的上
限（相當於年所得超過七十萬法郎），且該薪資（按一九九六年標
準）適用的所得稅超額邊際稅率達到 56.8%，這種超高所得的實質
平均稅率就可能高達 70%。然而這類家庭太少了，因此這些超額所
得稅率在政府預算上的貢獻很難跟他們在政治論辯中的象徵性意義

圖二：法國的實質平均稅率與邊際稅率，一九九六年

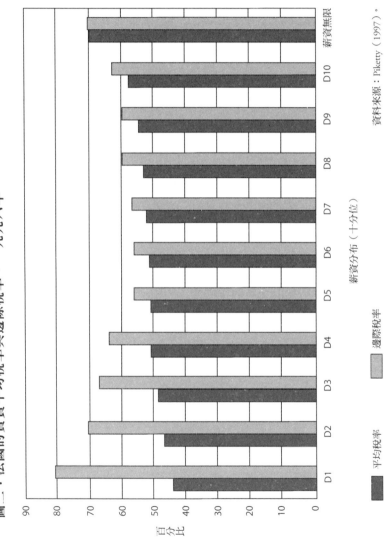

資料來源：Piketty（1997）。

相提並論（可參見本書第 59 頁），更重要的是，從這些少數的高薪著手，很難鬆動圖二所呈現的根本現象，也就是勞工之間缺乏真正的重分配。若再考慮其他比例稅，例如稅率比所得稅還高一倍的商業增值稅，上述結論會顯得更有說服力。

我們列出的這些事實，簡要呈現了今日西方國家租稅重分配制度最大的特點，那就是目前的租稅重分配根本沒有在勞動者間達成任何金錢的重分配。儘管西方國家各有各的制度特色，在這一點上卻是一致的。不論哪個國家，對勞動者課徵的稅捐都是採取比例制，勞動者間的移轉性支付則很低，因此勞動者之間的可支配所得差距非常接近於他們的薪資差距：正如我們在第一章所看到，所得不均不高的國家，薪資不均也不高，反之亦同；但如果一個國家的薪資原本就嚴重不均，那麼租稅重分配並無法解決問題。除了固有的公共支出以外（如司法、國防、道路修築等等），這種一概採比例制的稅賦主要用來支應給予失業者的移轉性支付、教育相關支出，當然還有退休金以及公共衛生支出。有些情形下，低薪的勞工或是當年工作時薪水很低的人，對這些支出中的某些部分可能比其他人得益更多，但這並非常態（參見後文）。

**邊際稅率的 U 形曲線** —— 稅捐和移轉性支付的實質平均稅率有助於衡量重分配的具體效果。不過想要衡量重分配對個人行動造成的影響，應該使用實質邊際稅率較為合適。在圖二中，實質邊際稅率在低所得和高所得階層都顯得較高，在中等所得階層則較低，因此形成相當明顯的 U 形曲線。愈高所得階層的邊際稅率愈高並不奇怪，因為高額所得在所得稅課稅級距中也會落在較高的區間。

低所得階層的邊際稅率也會較高，理由在於當一個完全沒有薪水的人進入低薪階層時，不只是開始因為微薄的薪水而必須負擔相關稅捐，還會失去那些只有無勞務所得的人才能領取的移轉性社會福利金。舉例來說，如果一個勞工之前每月收到的最低生活救濟金和房屋補助總計 530 歐元，現在找到了一份工作，雇主願意支付他每月 1,370 歐元的薪資來換取他的勞動，因為他對生產過程的貢獻至少相當於這個價值。扣除所有社福扣繳之後，這位勞工每月的收入淨額大概不超過 760 歐元。換言之，他的薪資毛額從每月 0 歐元跳升到 1,370 歐元，他的可支配所得則從 530 歐元提高到 760 歐元，也就是說他只從 1,370 歐元中多賺到 230 歐元，不到總數的 20%，由此計算實質邊際稅率，就得到圖二中薪資分布第一個十分位上標示的 80%。如果條件不同（有扶養子女、可領失業補助金等等）計算結果可能略有差異，但實質邊際稅率都會在 80% 至 90% 之間，甚至有機會超過 100%（詳細計算過程，參見 Piketty，1997）。

　　事實上，承受最高實質邊際稅率的是薪資最低的群體：如果一個勞工從薪資分布的第九個十分位上升到第十個十分位時，會面臨最高 60% 的邊際稅率，這是指家中只有一個人的情形；假設有一個人的薪資屬於「無限薪資」，適用所得稅最高稅率且無法享受任何減免，其邊際稅率最高可能達到 70%；至於從無業進入到第一個十分位的人，卻要面對 80% 至 90% 之譜的邊際稅率。實質邊際稅率的 U 形曲線在最前端達到曲線的高點，這正是今日租稅重分配的第二個重要特徵。這個特徵一樣出現在每個西方國家，因為在這類政策開始實施的年代，主流意見都認為讓移轉性支付僅針對完全

沒有就業所得的人並排除低薪族群，是打擊貧窮問題最節省成本的方法（至少表面上看來如此）。

### 公平的租稅重分配

從社會正義的角度來看，重分配的實質平均稅率和實質邊際稅率所形成的這組曲線，是否已達到最佳狀態？不同所得群體的平均稅率和邊際稅率是否應該增加或減少？

上述問題的答案，主要取決於高重分配稅率對勞動誘因和人力資本供給的負面效果在量化數據上的表現，也就是對重分配本身會帶來多強的負面效果。大家對於單純重分配的基本目的其實已有相當足夠的共識：公平的重分配應該能讓最弱勢者的生活條件和機會盡可能提升，羅爾斯的「最大化最小值原則」就是抱持這樣的精神（參見引言）。可想而知，關於「最弱勢者」的明確定義尚有許多歧見，畢竟人與人之間從不同角度來看，或多或少都有差異之處，想據此來定義責任的概念與社會正義的目標，不免會遭遇困難。近年來社會正義理論的發展也見證了此一困境（Fleurbaey，1995；Roemer，1996）。

「最大化最小值原則」代表一種務實的社會正義觀，根據這套原則，只有當任何更進一步的重分配措施會損及最弱勢者利益時，才可以容忍不平等的存在。對於這套原則，質疑的聲音始終不斷，其中一種理由就是反對將價格體系或個人利己主義當作組織經濟的基本模式。關於個人對社會正義與重分配的態度，多項調查結果顯示，受訪者大多贊成應該盡量修正不可控因素造成的不平等。不過

相較於這樣的共識，針對可控制的個人行動具有多大影響力，以及重分配減少誘因的效果有多大，受訪者的意見卻極度分歧（Piketty，1995）。我們要討論的就是這項歧見。那麼，重分配減少誘因的效果，實際上究竟有多強呢？

**稅太多會殺死稅？**——在一九八〇年代的美國有一種說法相當流行，即高稅率會抑制高薪，導致稅收減少，所以高稅率對任何人都沒有好處，尤其是弱勢族群。推而廣之，所有西方國家都開始思考自己的重分配制度是否尚未達到極限。和過去數十年的快速發展相比，這些國家的稅收水準開始停止成長。這股浪潮中，以美國發生的變化最為劇烈，該國的所得稅最高邊際稅率從一九七〇年代末期的 70% 不斷下滑，到了一九八六年竟降至 28%。

然而，傳統上根據實證資料推算出來的勞動供給彈性，數值通常非常之低，只有 0.1 至 0.2（Blundell，1995，p. 60）。這些研究計算的是勞動供給彈性而非狹義的人力資本供給彈性（參見前文）：他們只計算稅率對勞動時數的影響，而大部分的勞動者工作時數都相去不遠，但他們不計算稅率對工作動力或效率有何影響，也不計算是否會刺激勞工累積更多人力資本或追求報酬更高的職位，這些影響可能更重大，我們也很難想像完全沒有影響，即使很難正確評估。舉例來說，以同一個年齡分組（classe d'âge）中接受高等教育的人口比例而言，當美國的文憑報酬率減少 15% 之後，此一人口比例在一九七五至一九八〇年間下降了 5%，之後在一九八〇年代又上升了接近 10%（Ehrenberg 與 Smith，1994，p. 289），這雖然代表人力資本供給終歸會受到畢業後職業選擇減少的衝擊，但仍不足

以精確估算人力資本供給的彈性。

　　一項研究調查了一九八六年美國稅制改革前後的所得稅大戶，發現當時的勞動供給彈性為 1，並且由於超額邊際稅率下降，產生很大的誘因效果（Feldstein，1995）。不過這項研究只針對極高收入者，而且究其根本，研究指出的效果大多都是因為先前歸於公司稅項下的所得現在改為歸於個人所得，而不是因為努力工作和累積人力資本的誘因增加，從而創造出新的所得（Slemrod，1995）。不同所得類型的轉換在高所得群體十分常見，所以在觀察高所得群體的變化時必須格外謹慎。另一方面，美國所得稅的超額邊際稅率從一九八六年的 28% 逐漸上升到一九九三年的 39%，這對一九九三年之後高額所得成長的速度並沒有明顯的負面影響（Goolsbee，1997）。法國的經驗也符合古斯比（Austan Goolsbee）的研究結果。法國在一九八一年設定的家庭商數上限，實際上造成富裕家庭適用的邊際稅率提高，相對的，所得水準相同的單身人士或沒有子女的夫妻適用的課稅級距不變，如此一來，形成一種相當有趣的「自然試驗」（expérience naturelle）。不過，如果仔細檢視每個人每年申報的所得水準，就會發現凡屬高所得群體，變化的趨勢都非常相似，與依照家庭商數可適用幾「份」（part）無關，也和邊際稅率的差異無關（Piketty，1999）。

　　現實的情況是，低所得群體的邊際稅率是最高的，中、高所得群體相對較低（圖二），從目前對勞動供給彈性的研究來看，過去實在太過偏重高所得群體是否出現誘因減低的效果這個問題，對於現代的重分配制度是否已經達到極限，反而欠缺全面性的分析。具

體來說，研究者計算不同國家的高邊際稅率對原本未就業的人（含年輕人、單身者、已婚婦女）投入勞動市場的影響，得到的彈性係數遠高於已經有工作的人口，落在 0.7 到 1.2 之間（Blundell，1995，p. 59；對法國資料的新近研究，參見 Piketty，1998）。換言之，期待一份像樣的收入，這種心理對低所得群體的激勵效果，比想要更高收入對所得寬裕群體的激勵效果要大得多，也就是說，所謂「貧窮陷阱」可能比「中產階級的陷阱」更要緊。一九九〇年代初期美國快速發展的「勞務所得租稅抵減制度」（Earned Income Tax Credit，EITC），再度掀起相關問題的論戰。

**美國的勞務所得租稅抵減制度**——「勞務所得租稅抵減制度」是一種照顧低薪群體的租稅抵扣額兼移轉性支付的措施，一九七五年開辦時適用範圍不大，但是從一九九〇年代初期開始搖身成為美國財稅與社會安全制度的核心要素。經過幾次調升額度之後（特別是一九九三年的調整），到了一九九六年，每年 9,000 美元以下的就業所得可獲得相當於 40% 的抵扣額，9,000 到 12,000 美元之間的就業所得抵扣額不變，在 12,000 到 29,000 美元之間則漸次遞減至 20%。換句話說，如果一名勞工當年度的薪資是 9,000 美元，相當於全職工作的最低薪資，可得到 9,000 美元的 40% 的租稅抵扣額，也就是 3,600 元。租稅抵扣額是可退回的，意思是抵扣額和實際應繳的稅款如有差額，就會以支票退給當事人；由於低薪群體的稅率必定低於 10%，因此這可以使他們的可支配所得淨額增加30%。配合聯邦最低薪資在一九九六年調升（參見本書第 106 頁），這套制度凸顯美國政府自一九九〇年代初期之後便有意加強

低薪群體的就業意願。根據學者計算，當時各項彈性係數都略大於
1，顯示這套制度對目標人口的就業水準帶來強烈的正面效果。由
事實看來，當時租稅抵減率突然提高，加上只有低薪且需扶養兩名
子女以上的人才能享有最高抵減率，學者評估的結果與此相符，可
信度相當高（Eissa 與 Liebman，1996；Liebman，1996）。

　　假設重分配的負面誘因效果對所得底層群體的影響其實比高所
得群體要來得大。這意味著雖然我們習於利用實質邊際稅率的 U
形曲線，來強調最貧窮的階層應該得到重分配，但這可能不是最有
效的策略：如果我們試圖消除 U 形曲線的第一部分，也就是減輕
低薪階層的稅捐負擔，並將這些負擔轉移到彈性係數較低的中等或
高薪階層，這樣就能提供無法找到工作的人更高的移轉性支付，重
分配的結果會更公平，因為最弱勢者的處境獲得改善。換言之，受
薪者內部若是缺乏實質的租稅重分配，對於無法就業的人也是不利
的。所以從勞務所得租稅抵減制度的經驗可以發現，消除 U 形曲
線的第一部分也許該成為我們的首要目標，比減少高薪群體的邊際
稅率這種傳統的政治論辯更加重要。

　　**租稅重分配能打擊失業？**──勞務所得租稅抵減制度的經驗同
時也引發另一個更一般性的問題，亦即租稅重分配如何發揮打擊失
業問題的功能。美國的勞務所得租稅抵減制度為就業水準帶來正面
效果，法國也能做到嗎？美國的低薪群體崩盤但法國並沒有，這個
事實或許表示法國並沒有讓低薪工作更具吸引力和防止「貧窮陷
阱」的問題。但是，我們也不宜高估法國低薪階層和美國低薪階層
之間的差異。一九七〇年代之後的美國，低薪階層的所得的確已經

低到谷底，達到空前的歷史低點，但是法國的低薪程度一開始就是比較高的，因此美國在一九九六年調高聯邦最低薪資後，法國和美國的最低薪資淨額事實上相去不遠：一九九七年一月一日，法國法定最低薪資毛額是每小時 38 法郎，扣除 21.8% 的薪資扣繳和一般社會捐或社會債償還捐之後，淨額大約是一小時 29.7 法郎（等於每月 5,018 法郎）；相對的，美國的聯邦最低薪資是一小時 5.20 美元，扣除 7.5% 的薪資扣繳後，淨額是每小時 4.81 美元。如果採用 5.50 法郎換 1 美元的匯率（這種算法會讓美國勞工的購買力較低），並且不考慮勞務所得租稅抵扣額（這會使低薪群體的可支配所得明顯增加），我們將會得出美國的最低薪資淨額是每小時 26.5 法郎，法國則是 29.7 法郎。確實，法國的低薪階層擁有實物形式的重分配（公衛、教育服務），美國則不提供或提供得較少（參見後文），但無業者也可以享有這些實物形式的重分配，如此便對我們所關心的就業誘因沒有影響。總之，我們不確定法國是否不存在提高低薪階層可支配所得的需求以及「貧窮陷阱」的問題。

但可以確知的是，美國與法國在工作機會的供給、也就是勞動需求上有重大差異：美國的工作機會供給量相當高，法國卻十分有限。一個不容易闡明的原因是，即使目標群體得到的最低薪資淨額皆十分接近，將所有雇主負擔計入後得到的最低薪資「超級毛額」（super-brut）還是大相逕庭：美國的雇主負擔在一九九六年是 7.5%，對雇主而言付出的最低薪資是每小時 5.59 美元，約當 30.7 法郎；法國的雇主負擔在一九九三年是 44.8%，代表對雇主而言最低薪資是每小時 55 法郎，但一九九三年以來低薪階層的扣繳額陸

續調降，到了一九九七年一月一日，雇主支付的最低薪資降到每小時 48.1 法郎。

　　這就是為什麼法國自一九七〇年代以來為了對抗失業而採取的結構性稅改策略，是以提高對低薪群體的勞動需求為核心，而非著重於提高低薪群體的勞動供給，並且努力透過逐步將低薪者的雇主負擔挪移到高薪者，讓雇用低薪者的成本降低（參見第三章）。這套策略確實為勞動者的稅捐負擔增添了一點累進式的色彩，雖然各階層的稅捐負擔還是相當近似（圖二），而且一九九三年到一九九六年調降低薪者雇主負擔的措施過度集中於薪資最低的群體，使雇主一旦提高支付給勞工的薪資淨額，成本就會立即大幅提高，容易造成「低薪者陷阱」（Piketty，1997）。

　　不論我們想改變的是勞動的供給面還是需求面，這些租稅重分配的結構改革對失業問題的影響如何反映在量化數據上呢？假設調整措施具有一致性與普遍性，而不單獨針對特定類別的雇主或受雇者，目前的研究成果告訴我們，長期下來效果會變得很「重大」。「重大」是什麼意思？問題出在調整措施所依據的供給或需求彈性。雖然彈性係數都不小，卻經常在 1 左右或小於 1，這會帶來很大的麻煩，因為這代表需要動用的稅金總額相當於一個職缺的市場價格，也就是雇主每開一個職缺要支付的成本。如此一來，我們很容易得到一個結論，就是國家不如自己負擔這個成本，創造公共工作機會，例如斯堪地納維亞國家在一九八〇年代為了吸收增加的失業人口，便採取了這類措施，或者國家也可以藉由縮減每段工作的期間並另外彌補低薪階層的購買力，來強制分割工作機會，不過這

些措施的成本和創造工作機會所需投入的資金相比，其實相差無幾。當然其中仍有一個重大差異，因為一個私人提供的工作機會反映了消費者的需求，一名勞工在公家提供的職位上做出的生產貢獻卻不免較難捉摸。同理，純粹將工作分割以便創造工作機會，這種策略似乎假定了失業者可以和已經受雇的勞工完成一樣的工作，也許在某些情形下是如此，但是無法一概而論。不過租稅重分配對失業問題的影響實在太不顯著，使這些問題始終沒有定論，再說人們總認為各種私人服務業（餐飲、商業等）能創造的工作機會必定很少，這不過是因為比較的對象是工業部門在「光輝的三十年」期間開創的工作機會，所以不免顯得矮了一截而已。

　　**負所得稅與「公民所得」**——自一九六〇與七〇年代以降，一種看起來十分極端的租稅重分配改革方案吸引了眾人的目光：這項方案打算發給每個成年公民一份相同的移轉性所得，亦即不論個人的收入或在勞動市場上的地位如何，每月都可領取一份相同的移轉金。這類提案的出發點是基於最小限政府的立場（minimaliste），希望盡量不去干涉市場機制，好讓它發揮最大作用，並且希望將其他被視為欠缺經濟效率的「保障」都取消，代以一種單一且不高的補助金（Friedman，1962）。後來有一派追求實質重分配的人將這些提案改造為大膽的「公民所得」（revenu de citoyenneté）或「基本收入」（basic income），要讓每個人都能領取（Van Parijs，1995）。在最早的構想下，這套全民均一的移轉金政策應該和負所得稅制度結合在一起。負所得稅（impôt négatif）的設計目的是要完全取代目前的租稅重分配制度，它將以單一邊際稅率向所有就業所得課稅，

以做為移轉性支付的財源，在給付移轉金的同時，也對最終就業所得課稅。一旦設定的公民移轉金愈高，單一邊際稅率就必須愈高。政治人物中，只有美國民主黨總統候選人喬治・麥高文（George MacGovern）曾提出要大幅施行這種簡單版的負所得稅，他付出了很大的代價才學會這個道理，因為在一九六八年的美國總統選舉中，選民發現他所提出的單一邊際稅率只有 33.3%，根本不夠支應他想實施的移轉金。這樣看來，公民移轉金制度和勞務所得租稅抵減制度非常不同，因為後者是和現行的租稅重分配制度結合，主要特徵是負 40% 的邊際稅率，勞務所得租稅抵減制度不更動任何現有的稅捐或移轉金制度，它提供的是額外的移轉性支付，而且完全沒有工作的人無法享受，但是只要有工作收入，抵減稅率就會提高到 40%（參見前文）。

回溯前幾段的討論，這些提案看起來似乎不太合理。因為可想而知，只要達到某個所得水準以上，「全民」移轉金的總額必定會少於需要繳納的稅金，否則移轉金就會失去財源。如此一來，無異於發放最低生活救濟金給所有人，再提高所得稅讓繳納的稅金比最低生活救濟金還高，這麼做有何好處呢？如果政策的目標是減少低薪階層負擔的實質邊際稅率，同時讓完全沒有工作收入的人領取的移轉性所得保持不變，比較簡單的做法應該是設法使低薪階層存下一部分最低生活救濟金，或是減輕低薪階層的稅捐負擔（例如減少員工負擔的社福扣繳），讓中、高所得的人來承擔壓力。公民所得制度在打擊「貧窮陷阱」上的角色，和我們能運用現存制度工具達到的一模一樣，並不需要將整套重分配制度換成全民移轉金制。

　　事實上，公民所得的優點可能在更細微處。舉例來說，對於有資格領取這種最低社會福利的人而言，當他們正在找工作的時候，公民所得能提供更好的保障，從而提高他們的勞動誘因：如果有一份全民移轉金，這些最弱勢的群體就能安心，因為即使失去工作他們也能維持最低生活費，這是絕對不會失去的。相對的，最低生活救濟金這類制度需要重新審核資格，加上行政耗時或社會汙名的緣故，實際上總是充滿不確定性，也經常導致「貧窮陷阱」更加嚴重（Van Parijs，1995）。更廣泛而言，「左派放任自由主義者」（libertaires de gauche）注意到全民均一的移轉金制度有助於建立一套較不侵犯個人領域的社會政策，因為個人的社會地位和婚姻狀況都不影響資格，也不需對個人進行更多探查。

## 有效重分配

　　不平等的現象之所以需要像重分配這樣的公共行動來介入，往往不只是因為不平等違背我們的社會正義觀，更因為這代表人類資源陷入不良的失序狀態，我們應該改善資源的利用方式，使人人都能獲利。最典型的例子就是勞動市場上的歧視和買方獨占的情形（參見前文）：雖然這麼說有些不尊重，但是只給予受到雇主不當歧視和剝削的人一筆補償性的移轉性支付，是缺乏經濟效率的。這類不平等需要的重分配工具，必須在進行所得重分配的同時，也解決經濟效率低落的問題，就像「優惠性差別待遇措施」一樣，或是某種最低工資，或更普遍地對勞動市場採取直接介入的行動。各式

各樣的教育及培訓政策也能成為有力且有效的重分配工具，改變勞務所得不均的結構（參見前文）。這兩項工具——對勞動市場和教育的直接介入——我們已在第三章分析過。另外兩種有效重分配具有相當重要的歷史意義和政治意義：一種是藉由社會保險做重分配，另一種是凱因斯的需求重分配。

### 重分配與社會保險

　　為何會出現欠缺經濟效率的不平等現象？最容易理解的就是不完全信貸市場，或更簡單地說，原因在「我們只借錢給有錢人」，然而我們經常不知道能有效打擊不平等的工具為何（參見第二章）。事實上，信貸決策中出現的誘因問題和資訊問題在所有跨期市場中都會出現，尤其是保險市場。或許這說明了市場為何無法提供良好的社會基本保險，因而證明強制性的公共社會安全制度有其必要，而這種社會安全制度正是現代國家介入主義的基本特徵。

　　**符合經濟效率的社會保險**——舉例來說，從來沒有一家私人保險公司真的設計過一種保險契約是針對暫時失業的風險，當被保險人發生這類情形時，可以保證得到一筆替代的收入，雖然這種保險確實有其用處，許多人也會願意付款獲得這樣的保障。為何市場上會出現這樣的缺口，一個很明顯的答案是每個人在每個時點實際上的就業所得可能不易計算，需要申請的人也必然會傾向低報所得金額。國家與政府機關相對於私人公司的優勢，正在於國家擁有、或因多年經驗而建立了一套較佳的行政與司法體系，得以調查和監督雇主所給付的薪資，據此設定失業保險的給付額。

　　另一個關鍵因素是逆選擇（antisélection）現象：假設勞工能掌握較多資訊，知道自己失業的風險多高，那麼私人保險公司為了確保能吸引到失業風險不高的人，並且將這些人與其他客戶區分開來，彼此的競爭將導致他們提出專為此一群體設計的保險契約，而這些契約本身是欠缺經濟效率的，例如契約中可能會設計超過必要的自負額（franchise）或者只保障小額損失。這種情形在醫療保險上可能會特別嚴重，因為對這一類契約來說，與個人風險相關的私隱資訊經常事關重大。如此一來，市場競爭可能完全失去經濟效率，不只是高失業風險的人可能無法得到保障，連低失業風險的人可選擇的保險契約也是沒有經濟效率的。在這種情形下，施行全民一體適用的強制保險對所有人都有好處，雖然低失業風險的人等同於幫忙補貼高失業風險的人，但他們也省下因社會分裂帶來的代價（Rothschild 與 Stiglitz，1976）。此外，上述現象證明政府同樣應該管制其他保險市場，例如汽車保險市場（Henriet 與 Rochet，1988）。

　　另一個支持公共醫療保險必要性的理由完全不同：因為健康這種商品只有賣家（醫生）才能真正計算它的價值，所以可能會導致消費者過度消費或必須支付過高的費用（Arrow，1963）。這個論點經常被用來解釋為何在私人保險盛行的國家（例如美國）人們的醫療支出會如此龐大，也經常被用來支持建立某些公共制度，以集體的手段管制醫療支出。

　　跨期市場的不完全也可以支持公共退休金制度的必要性。逆選擇的現象一樣存在，因為退休金也是一種「生存保險」（assurance survie），而且這類目的是把存款化為終身年金的市場實際上不太可

能是完全市場。不過，個人的平均餘命等私隱資訊在退休金上問題比較小，不如失業風險和健康風險那麼重要。支持公共退休金的主要理由很簡單，就是因為市場的不完全使得職業生涯的所得無法良好地移轉到退休生涯。如果退休者無法確保能維持足夠的退休金——這個情形特別會出現在收入不高、理財空間小的人身上，此時以國家為後盾的公共退休金制度就能填補這個漏洞。

　　無論如何，市場與競爭關係往往無法提供消費者認為最有價值的財貨和服務。因此強制性的公共制度可以有效補足欠缺的功能。同時，這也證明了相關的支出應該與其他公共支出有所區別，而且計算租稅重分配的實質平均稅率和邊際稅率時，也不應該計入做為財源的相關稅收：如果一名勞工的薪水從每月 5,000 法郎提高到每月 10,000 法郎，他的退休金額度也會增加一倍，那麼他為了獲得這額外的退休金所必須增加的社福扣繳額，也應該算在所得之中，因為那不過是「延後給付」的所得而已。假如納入所有延後給付的所得，圖二的「實質」平均稅率和邊際稅率必須降低十五到二十個百分點（Piketty，1997）。如果所有社會保險的形式都是從每個人身上徵收相同的稅賦，做為延後給付的所得，這種簡單的制度不會創造任何重分配，只能有效修正市場的不完全，因為繳納社會福利扣繳只是為了未來能得到需要的保障（以屆時市場所能提供的為限）。

　　**社會保險是租稅重分配的工具嗎？**——然而，對於受薪者內部的租稅重分配而言，不是所有社會保險體系的支出都沒有作用。最簡單的例子就是醫療保險：醫療保險的財源是依照所得水準按固定

比例課徵的稅捐，而大部分的補助款（如看護補助、住院費補助等），每個人拿到的都相同。光是重分配效果便足以說明這種制度有其正當性，與經濟效率完全無關。因為無法真正落實勞資重分配（參見前文），強制性的公共醫療保險不過是一種特殊的負所得稅，也就是一種針對勞務所得的比例稅，獲得的稅收轉換為單筆的移轉性支付，金額相當於醫療支出的平均價格，所有人都能領取。不過，就算把它視為「單純重分配」，醫療保險在會計中還是可以和其他租稅重分配分開計算，只要將它單獨列為一種特別稅捐，如此每個人都可以比較醫療保險支出和其他支出的分量，就像我們可以利用清楚定義的特別稅捐做為教育支出的財源一樣。

即便在勞動者之間沒有任何明確的直接重分配措施，公共衛生和教育這兩種社會支出在今日的重分配政策中仍然是兩種重要的元素，它們不是金錢形式的移轉金，而是政府採取介入行為產生的支出（dépenses interposées）：這兩種支出都是單筆的移轉性支付，每個人得到的給付是一樣的，與所得水準無關，至少就中、小學教育而言是如此；這兩種支出是由稅收支應，課徵的方式是依照所得的固定比例，或是採輕微的累進稅率。此外，這種以實物支付的重分配，由於施行範圍普及，使我們可以在重分配程度很低和重分配程度很強的國家之間進行比較，勞動者之間的移轉金就無法提供這樣的功能，因為這種制度不論在哪一國都僅是聊備一格（參見前文）。舉例來說，假設一個領法定最低薪資的法國人和一個領法定最低薪資的美國人的薪資淨額相同，最大的差異在於美國人必須自己負擔醫藥費和子女的教育費，而這些費用通常很高昂。正是這類

租稅重分配政策的不同，讓最低薪資一族在法國絕對比在美國舒服不少（除非這個美國勞工既年輕體健又沒有孩子，這也是最低薪資群體的常態）。

至於分配性的公共退休金制度（retraite par répartition，譯按：即美國所謂隨收隨付制，pay-as-you-go pension system），其支出向來是社會支出的最大宗，這種制度的情形完全不同。具體而言，這是一種依所得比例計算的扣繳金，在工作期間持續扣繳，退休後就可領取相當於過去所得一定比例的移轉性支付。因此這對重分配來說並沒有效果。事實上，退休金最根本的不平等在於平均餘命（espérance de vie）的差異：一般來說，低薪階層的平均餘命比高薪階層短，造成他們能領退休金的時間大大縮短。目前針對法國整體退休制度的研究顯示，假設在職業生涯中一樣付出一法郎的扣繳金，高階幹部在退休後能獲得的年金總額比工人多出 50%（Chassard 與 Concialdi，1989，p.76）。換言之，退休金制度造成反向的重分配：平均下來，工人負擔的扣繳有一大部分被用來支付高階幹部的退休金。當然我們必須考慮到，如果退休金是一種私人資本化（capitalisation privée）的制度，工人也許根本拿不到退休金，因為存入的扣繳金可能因為投機買賣（spéculation）與跨期市場的不完全性而化為烏有。但是我們也要注意一件事，金融市場無法保障投入一定的資金就能得到一定的年金，這種狀況確實發生在兩次大戰間。當年退休基金崩潰的可怕經驗使人們認為有必要建立分配性的公共退休金制度，但之後這類問題已經大大改善：一九九〇年代出現的金融商品提供比過去更多的集資投資（placement collectif）類

型，可以保障收益，例如有些「小額」投資只需要 1,500 法郎就可以，相當於一九九六年一名領最低薪資的勞工每月的退休金扣繳額（含員工及雇主負擔）。

改用私人資本化的制度並不能完全解決平均餘命差異的問題，因為同一筆集資案通常來自一群所得水準和壽命極為不同的人，就和分配性的公共退休金制度一樣。無論如何，顯然最主要的問題是我們只能一小步一小步地脫離這套制度，因為對於那些工作多年的人，剝奪他們期待已久的退休金是不公平的，就算支付給他們的退休金會造成反向重分配也一樣。

當然，公共退休金制度必定會提供最低補助金（allocation minimale），如法國的最低養老金（minimum vieillesse），即使工作期間扣繳的金額不足也可領取，所以它的重分配作用是很清楚的。其次，正是這種最低退休金解除了西方國家一度極為嚴重的「銀髮貧窮危機」，也因此大幅減低了家庭所得的整體不均。不過這種移轉性支付在歐陸國家及法國的退休金總額中幾乎微不足道，再說其他完全依照最小限政府原則建立公共退休金制度的國家（例如英國和美國）也有類似的最低補助，而且同樣發揮了良好的功能。

公共退休金制度的評價看來有功有過，也提醒我們要避免落入「保險型社會」（société assurantielle）的迷思（Rosanvallon，1995）。如果我們用社會保險的精神來思考整套重分配政策，亦即認為所有社會成員承受著相同的「風險」，因此必須以集體的方式保護彼此，同時選擇不凸顯受薪者內部的差異，也不考慮不同支出是否對某一群人特別有利，這樣一來，我們很可能無法落實（例

如）勞動者間的重分配（參見前文），也無法實現我們以為正在做、實則表裡不符的「重分配」，一如退休金以及某些實物重分配的例子所示，又好比國家提供的高等教育，往往造成資源從低所得階層重分配給高所得階層，法國就是如此（參見前文）。

## 重分配與需求

　　「凱因斯式」的需求重分配是一種有效重分配的機制，在當代國家介入主義的理論和實務上都有重要的地位。在最普及的版本中，這套機制告訴我們薪資的調升可以帶動經濟體內財貨與服務需求的提升，從而促進勞動和就業量的提升。這是重分配最理想的情境，因為這樣一來一切都提升了，卻沒有人需要多付錢！雖然這套機制很有影響力，它的理論基礎和經驗基礎卻相當脆弱。畢竟，為什麼需求重分配可以促進經濟活動呢？如果只是把企業和資本家的購買力移轉到勞工身上，從社會正義的立場來看自然再好也不過，但除非我們預設企業和資本家原本沒有使用他們的購買力，既不消費也不投資，否則這樣為什麼能提升整體需求呢？再者，「沉睡的購買力」並不存在，或者極少：此刻沒有用於消費的購買力都會以某種形式投資到某處去，比如借款給國家。一種可能的解釋是，如果財貨和服務的需求總量保持穩定，必須改變需求的組成才能促進經濟活動，例如發現沒有用於消費的所得未以最有利的方式投資，又如將資源重分配給勞工或藉公共支出造成資源流動，使得資金有機會被以更有效的方式運用。

　　另一項傳統的論點主張，購買力的重分配可以讓需求朝生產規

模愈大、經濟效率愈高的財貨移動，如此一來能提升整體經濟活動，雖然也會犧牲以手工生產為主的產業。舉例來說，當購買力不均太嚴重，就會阻斷或延後工業化的速度，因為窮人窮到對工業產品無法產生足夠的需求，富人的需求則會集中於進口財貨和國內服務（Murphy 等著，1989；Piketty，1994，p. 791-794）。

　　由此可見，要證明購買力的重分配既可以降低不均又可以促進經濟，對所有人都有好處，支持的理由並不難找。但是我們沒有理由相信使這套良好機制成立的各種條件在任何情形下都能完全具足，我們必須按個案判斷。此外，當代經濟學家通常以另一種方式解讀凱因斯這套總體經濟提升機制：一般來說，他們的基本想法是價格和薪資無法在短期內以夠快的速度調整，原因很多，例如名目薪資是固定的，唯有通貨膨脹的刺激可以提升經濟活動並增加工作機會，因為實質薪資降低了。依照這種想法，通貨膨脹可以「潤滑」和鬆動經濟結構，但這個情境已經和重分配的理想世界離得很遠，理想世界的邏輯完全相反，在那裡勞工購買力的增加才能刺激經濟！經濟刺激政策的其他手段對重分配的貢獻通常也十分令人懷疑，例如提高公債必然會帶來資本需求的提升，資本家所獲得的資本報酬自然也會節節高升。另一方面，這些政策縱使有刺激經濟的效果，通常也只在短期內有用，所以很難形成系統性的分析架構，幫助我們研究重分配的條件，尤其和前面探討過的一些有用的系統性工具相比更是如此。

　　研究凱因斯式的重分配機制也讓我們認識到：期待能找到一個一次解決所有問題的有效重分配工具，從而證明重分配政策本身的

必要性，可能會徒勞無功。「保險型社會」的迷思已經清楚說明了這樣的危險，但這個問題更為普遍。舉例來說，我們可能會試圖將整個人力資本不均的問題歸咎於各種歧視，或將整個低薪問題歸咎於雇主的買方獨占力量，這種看法既不切實際也無法改變現況。儘管我們有必要找出相應於各種情況的有效重分配措施，但是認為每一種不均等都是欠缺經濟效率的表徵、都存在正確的政策可以解決這些欠缺經濟效率的狀態，這種想法可能會導致主張不應繳交必要的稅捐來支應移轉性支付，然而這些移轉金縱然無法解決「想像的不平等」，至少也能明顯改善非常真實的、生活條件的不平等。

# 參考書目

*American Economic Review, AER.*

*Journal of Political Economy, JPE.*

*Quarterly Journal of Economics, QJE.*

ADELMAN I. et ROBINSON S. [1989], « Income distribution and development », *Handbook of Development Economics*, vol. 2, North-Holland, New York.

AKERLOF G. et YELLEN J. [1990], « The fair wage-effort hypothesis and unemployment », *QJE*, n° 105, p. 255-283.

ARROW K. [1963], « Uncertainty and the welfare economics of medical care », *AER*, n° 53, p. 941-973.

— [1973], « The theory of discrimination », *in* ASHENFELTER O. et REES A. (dir.), *Discrimination on Labor Markets*, Princeton U. Press, Princeton.

ATKINSON A. [1983], *The Economics of Inequality*, Clarendon Press, Oxford.

ATKINSON A., RAIWATER L. et SMEEDING T. [1995], *Income Distribution in OECD Countries*, OCDE, Paris.

ATKINSON A. et STIGLITZ J. [1980], *Lectures on Public Economics*, McGraw-Hill, New York.

BANERJEE A. et GHATAK M. [1995], *Empowerment and Efficiency : the Economics of Tenancy Reform*, MIT, Cambridge.

BANERJEE A. et NEWMAN A. [1993], « Occupational choice and the process of development », *JPE*, n° 101, p. 274-299.

BECKER G. [1964], *Human Capital*, Columbia Univ. Press, New York.

— [1991], *A Treatise on the Family*, Harvard Univ. Press, Cambridge.

BENABOU R. [1993], « Workings of a city : location, education, production », *QJE*, n° 108, p. 619-652.

— [1996], « Inequality and growth », *NBER Macroeconomics Annual 1996*.

BEWLEY T. [1994], *A Field Study on Downward Wage Rigidity*, Yale University, New Haven.

BLAU F. et KAHN L. [1994], « The impact of wage structure on trends in US gender wage differentials », *NBER*, n° 4748.

BLUNDELL R. [1995], « The impact of taxation on labor force participation and labor supply », in *Taxation, Employment and Unemployment* (chapitre 3), The OECD Jobs Study, OCDE, Paris.

BOOTH A. et SNOWER D. [1996], *Acquiring Skills : Market Failures, their Symptoms and Policy Responses*, Cambridge Univ. Press,

Cambridge.

BOUDON R. [1973], *L'Inégalité des chances*, Armand Colin, Paris.

BOURDIEU P. et PASSERON J.-C. [1964], *Les Héritiers*, Minuit, Paris.

— [1970], *La Reproduction*, Minuit, Paris.

BOURGUIGNON F. [1981], « Paretosuperiority of unegalitarian equilibria in Stiglitz' model of wealth distribution with convex savings function », *Econometrica*, n° 49, p. 1469-1475.

BOURGUIGNON F. et MARTINEZ M. [1996], *Decomposition of the Change in the Distribution of Primary Family Incomes : a Microsimulation Approach Applied to France, 1979-1989*, DELTA.

CARD D. [1992], « The effect of unions on the distribution of wages : redistribution or relabelling ? », *NBER*, n° 4195.

CARD D. et FREEMAN R. [1993], *Small Differences That Matter : Labor Markets and Income Maintenance in Canada and the United States*, University of Chicago Press, Chicago.

CARD D., KRAMARZ F. et LEMIEUX T. [1996], « Changes in the relative structure of wages and employment : a comparison of the United States, Canada and France », *NBER*, n° 5487.

CARD D. et KRUEGER A. [1992], « Does school quality matter ? », *JPE*, n° 100, p. 1-40.

— [1995], *Myth and Measurement : the New Economics of the Minimum Wage*, Princeton Univ. Press, Princeton.

CHAMLEY C. [1996], *Capital Income Taxation, Income Distribution and*

*Borrowing Constraints*, DELTA.

CHASSARD Y. et CONCIALDI P. [1989], *Les Revenus en France*, La Découverte, « Repères », Paris.

COATE S. et LOURY G. [1993], « Will affirmative action eliminate negative stereotypes ? », *AER*, n° 83, p. 1220-1240.

COHEN D., LEFRANC A. et SAINT-PAUL G. [1996], « French unemployment : a transatlantic perspective », *Economic Policy*.

COLEMAN J. [1966], *Equality of Educational Opportunity*, US Dept. of Health, Education and Welfare, Washington.

COOPER S., DURLAUF S. et JOHNSON P. [1994], « On the transmission of economic status across generations », *ASA Papers and Proceedings*, p. 50-58.

CSERC [1996], *Les Inégalités d'emploi et de revenu*, La Découverte, Paris.

DAVIS S. [1992], « Cross-country patterns of change in relative wages », *NBER Macroeconomics Annual 1992*.

DOUGLAS P. [1976], « The Cobb-Douglas production function once again : its history, its testing and some new empirical values », *JPE*, n° 84, p. 903-915.

DRÈZE J. et SEN A. [1995], *India : Economic Development and Social Opportunity*, Oxford University Press, Delhi.

DUCAMIN R. [1995], *Rapport de la commission d'études des prélèvements fiscaux et sociaux pesant sur les ménages*, ministère de l'Économie et des Finances, Paris.

DUMÉNIL G. et LÉVY D. [1996], *La Dynamique du capital : un siècle d'économie américaine*, PUF, Paris.

EHRENBERG R. et SMITH [1994], *Modern Labor Economics*, Harper & Collins, New York.

EISSA N. et LIEBMAN [1996], « Labor supply response to the earned income tax credit », *QJE*, nº 111, p. 605-637.

ERIKSON R. et GOLDTHORPE J. [1992], *The Constant Flux : A Study of Class Mobility in Industrial Societies*, Clarendon Press, Oxford.

ERICKSON C. et ICHINO A. [1995], «Wage differentials in Italy », *in* KATZ L. et FREEMAN R. (dir.), *Differences and Changes in Wage Structure*, University of Chicago Press, Chicago.

FEENBERG D. et POTERBA J. [2000], « The income and tax share of very high income households », *AER*, mai.

FELDSTEIN M. [1995], « The effect of marginal tax rates on taxable income : a panel study of the 1986 *Tax Reform Act* », *JPE*, nº 103, p. 551-572.

FLEURBAEY M. [1996], *Théories économiques de la justice*, Economica, Paris.

FMI [1996], *World Economic Outlook*.

FREEMAN R. [1973], « Changes in the labor market status of Black Americans, 1948-1972 », *Brookings Papers on Economic Activity*, nº 1, p. 67-120.

— [1995], « Are your wages set in Beijing ? », *Journal of Economic*

*Perspectives*, nº 9-3, p. 15-32.

— [1996], *Disadvantaged Young Men and Crime*, Harvard University, Cambridge.

FREEMAN R. et MEDOFF J. [1984], *What Do Unions Do ?*, Basic Books, New York.

FRIEDMAN M. [1962], *Capitalism and Freedom*, University of Chicago Press, Chicago.

GOLDIN C. et MARGO [1992], « The great compression : the wage structure in the United States at midcentury », *QJE*, nº 107, p. 1-34.

GOOLSBEE A. [1997], « What happens when you tax the rich ? Evidence from executive compensation », *NBER Working Paper*, nº 6333.

GOTTSCHALK P. [1993], « Changes in inequality of family income in seven industrialized countries », *AER*, nº 83-2, p. 136-142.

GOUX D. et MAURIN E. [1996], « Meritocracy and social heredity in France : some aspects and trends », *European Sociological Review*.

HAMERMESH D. [1993], *Labor Demand*, Princeton Univ. Press, Princeton.

HARHOFF D. et KANE T. [1994], « Financing apprenticeship training : evidence from Germany », *NBER*, nº 4557.

HENRIET D. et ROCHET J.-C. [1988], « Équilibres et optima sur les marchés d'assurance », *in Mélanges économiques en l'honneur d'Edmond Malinvaud*, Economica, Paris.

HERRNSTEIN R. et MURRAY C. [1994], *The Bell Curve : Intelligence and Class Structure in American Life*, The Free Press, New York.

INSEE [1994], « Un siècle de données macroéconomiques », *INSEE Résultats*, n° 303-304.

— [1995], « Revenus et patrimoine des ménages, édition 1995 », *INSEE Synthèses*, n° 1.

— [1996a], « Séries longues sur les salaires », *INSEE Résultats*, n° 457.

— [1996b], « Revenus et patrimoine des ménages, édition 1996 », *INSEE Synthèses*, n° 5.

— [1996c], « Rapport sur les comptes de la nation 1995 », *INSEE Résultats*, nos 471-472-473.

— [1996d], « L'évolution des salaires jusqu'en 1994 », *INSEE Synthèses*, n° 4.

— [2002], « Les salaires dans l'industrie, le commerce et les services en 2000 », *INSEE Résultats Sociétés*, n° 7.

JUDD K. [1985], « Redistributive taxation in a simple perfect foresight model », *Journal of Public Economics*, n° 28, p. 59-83.

JUHN C., MURPHY K. et PIERCE B. [1993], «Wage inequality and the rise in returns to skill », *JPE*, n° 101, p. 410-442.

JUHN C., MURPHY K. et TOPEL R. [1991], « Why has the natural rate increased over time ? », *Brookings Papers on Economic Activity*, n° 2, p. 75-142.

KAHNEMAN D., KNETSCH J. et THALER R. [1986], « Fairness as a constraint on profit seeking », *AER*, nº 76, p. 728-741.

KATZ L., LOVEMAN G. et BLANCHFLOWER D. [1995], « A comparison of changes in the structure of wages in four OECD coutries », *in* FREEMAN R. et KATZ L. (dir.), *Differences and Changes in Wage Structure*, University of Chicago Press, Chicago.

KOLM S.C. [1972], *Justice et équité*, Éditions du CNRS, Paris.

KRAMARZ F., LOLLIVIER S. et PELÉ L. [1995], « Wage inequalities and firm-specific compensation policies in France », *Document de travail INSEE-CREST*, nº 9518.

KREMER M. et MASKIN E. [1996], « Wage inequality and segregation by skill », *Working Paper NBER*, nº 5718.

KRUEGER A. et SUMMERS L. [1988], « Efficiency wages and the interindustry wage structure », *Econometrica*, nº 56, p. 259-293.

KRUSSEL P., OHANIAN L., RIOS-RULL J.V. et VIOLANTE G. [1996], « Capitalskill complementarity and inequality », Univ. of Rochester.

KUZNETS S. [1955], « Economic growth and economic inequality », *AER*, nº 45, p. 1-28.

LANDAIS C. [2007], « Les hauts revenus en France (1998-2006) : une explosion des inégalités », *Working Paper PSE*.

LEFRANC A. [1997], « Évolutions des marchés du travail français et américain entre 1970 et 1993 », *Revue économique*.

LEMIEUX T. [1993], « Unions and wage inequality in Canada and in the United States » *in* CARD D. et FREEMAN R. (dir.), *Small Differences That Matter*, University of Chicago Press.

LHOMME J. [1968], « Le pouvoir d'achat de l'ouvrier français au cours d'un siècle : 1840-1940 », *Le Mouvement social*, n° 63, p. 41-70.

LIEBMAN J. [1996], *Essays on the Earned Income Tax Credit*, PhD Dissertation, Harvard.

LOLLIVIER S. et VERGER D. [1996], « Patrimoine des ménages : déterminants et disparités », *Économie et Statistique*, n° 296-297, p. 13-32.

LUCAS R. [1990a], « Supply-side economics : an analytical review », *Oxford Economic Papers*, n° 42, p. 293-316.

— [1990b], « Why doesn't capital flow from rich to poor countries ? », *AER*, n° 80, p. 92-96.

MANKIW G., ROMER D. et WEIL D. [1992], « A contribution to the empirics of economic growth », *QJE*, n° 107, p. 407-437.

MEYER C. [1995], *Income Distribution and Family Structure*, PhD Dissertation, MIT.

MORRISSON C. [1991], « L'inégalité des revenus », *in* LÉVY-LEBOYER M. et CASANOVA J.-C. (dir.), *Entre l'État et le marché : l'économie française de 1880 à nos jours*, Gallimard, Paris.

— [1996], *La Répartition des revenus*, PUF, Paris.

MULLIGAN C. [1996], *Parental Priorities and Economic Inequality*, University of Chicago Press, Chicago.

MURPHY K., SHLEIFER A. et VISHNY R. [1989], « Income distribution, market size and industrialisation », *QJE*, n° 104, p. 537-564.

MURPHY K. et WELCH F. [1993], « Inequality and relative wages », « Occupational change and the demand for skill », *AER*, n° 83-2, p. 104-109, 122-126.

NEUMARK D. et WASCHER W. [1994], « Employment effects of minimum and subminimum wages : reply to Card, Katz and Krueger », *Industrial and Labor Relations Review*, n° 48, p. 497-512.

NIZET J.-Y. [1990], *Fiscalité, économie et politique : l'impôt en France, 1945-1990*, LGDJ, Paris.

OCDE [1985], *The Integration of Women in the Economy*, OCDE, Paris.

— [1993], *Perspectives de l'emploi*, juillet.

— [1995], *Statistiques des recettes publiques des pays membres de l'OCDE, 1965-1994*.

— [1996], *Perspectives économiques de l'OCDE*, n° 59.

— [2000], *Taux de chômage standardisés* (www.oecd.org).

PHELPS E. [1968], « The statistical theory of racism and sexism », *AER*, n° 62, p. 659-661.

— [1994], *Structural Slumps : the Modern Equilibrium Theory of Unemployment, Interest and Assets*, Harvard U. Press, Cambridge.

PIKETTY T. [1994], « Inégalités et redistribution », *Revue d'économie politique*, n° 104, p. 769-800.

— [1995], « Social mobility and redistributive politics », *QJE*, n° 110, p. 551-584.

— [1997], « La redistribution fiscale face au chômage », *Revue française d'économie.*

— [1997b], « Les créations d'emploi en France et aux États-Unis : "services de proximité" contre "petits boulots" ? », *Notes de la fondation Saint-Simon*, n° 93 (décembre) (*cf.* également *Économie et Statistique*, n° 318 [1998-8], p. 73-99).

— [1998], « L'impact des incitations financières au travail sur les comportements individuels : une estimation pour le cas français », *Économie et Prévision*, nos 132-133 (janvier-mars), p. 1-35.

— [1999], « Les hauts revenus face aux modifications des taux marginaux supérieurs de l'impôt sur le revenu en France, 1970-1996 », *Économie et Prévision*, n° 138-139 (avril-septembre), p. 25-60.

— [2001], *Les Hauts Revenus en France au XXe siècle. Inégalités et redistributions 1901-1998*, Grasset, Paris.

— [2011], « On the long run evolution of inheritance : France 1820-2050 », *Quarterly Journal of Economics*, vol. 61, n° 3, p. 1071-1131.

— [2013], *Le Capital au XXIe siècle*, Paris, Seuil (*Capital in the 21st Century*, Harvard University Press, 2014, Cambridge).

PIKETTY T. et SAEZ E. [2003], « Income inequality in the United States, 1913-1998 », *Quarterly Journal of Economics*, n° 118, p. 1-39.

— [2013], « A theory of optimal inheritance taxation », *Econometrica*, vol. 81, n° 5 (septembre),

PIKETTY T., SAEZ E. et STANTCHEVA S. [2014], « Optimal taxation of top labor incomes : a tale of three elasticities », *American Economic Journal : Economic Policy*, vol. 6, n° 1 (février), p. 230-271.

PIKETTY T. et ZUCMAN G. [2014], « Capital is back : wealth-income ratios in rich countries, 1700-2010 », *Quarterly Journal of Economics*.

RAWLS J. [1972], *A Theory of Justice*, Clarendon Press, Oxford.

ROEMER J. [1996], *Theories of Justice*, Harvard U. Press, Cambridge.

ROSANVALLON P. [1995], *La Nouvelle Question sociale*, Seuil, Paris.

ROTEMBERG J. [1996], « Ideology and the distribution of income », MIT, Cambridge.

ROTHSCHILD M. et STIGLITZ J. [1976], « Equilibrium in competitive insurance markets », *QJE*, n° 90, p. 629-650.

SHAVIT Y. et BLOSSFELD H.P. [1993], *Persistent Inequality : Changing Educational Attainment in 13 Countries*, Westview, Boulder.

SLEMROD J. [1995], « Income creation or income shifting ? Behavioral responses to the *Tax Reform Act* of 1986 », *AER*, n° 85-2, p. 175-180.

SOLOW R. [1956], « A contribution to the theory of economic growth », *QJE*, n° 70, p. 65-94.

— [1958], « A skeptical note on the constancy of relative shares », *AER*, n° 48, p. 618-631.

SPENCE M. [1974], *Market Signalling : Informational Transfer in Hiring and Related Screening Processes*, Harvard U. Press, Cambridge.

TOPEL R. [1993], « What have we learned from empirical studies of unemployment and turnover ? », *AER*, n° 83, p. 110-115.

VAN PARIJS P. [1995], *Real Freedom for All : What (If Anything) Can Justify Capitalism ?*, Clarendon Press, Oxford.

WILLIAMSON J. [1985], *Did British Capitalism Breed Inequality ?*, Allen & Unwin, Boston.

WILLIAMSON J. et LINDERT P. [1980], *American Inequality : A Macroeconomic History*, Academic Press, New York.

WILSON W.J. [1987], *The Truly Disadvantaged : The Inner City, the Underclass and Public Policy*, University of Chicago Press, Chicago.

WOLFF E. [1992], « Changing inequality of wealth », *AER*, n° 82-2, p. 552-558.

YOUNG A. [1995], « The tyranny of numbers : confronting the statistical realities of the East Asian growth miracles », *QJE*, n° 110.

# 章節細目

# 詞彙對照

| | |
|---|---|
| basic income | 基本收入 |
| bénéfice | 利潤、收益、孳息 |
| brassage social | 社會融合 |
| busing | 校車接送制度 |
| capital | 資本 |
| capital human | 人力資本 |
| capital physique | 實質資本 |
| capitalisation privée | 私人資本化 |
| classe d'âge | 年齡分組 |
| coefficient de Gini | 吉尼係數 |
| collectivisation de la terre | 土地公有化 |
| comptabilité nationale | 國民經濟會計帳 |
| concurrence fiscale | 租稅競爭 |
| consommation future | 未來消費 |
| consommation présente | 當期消費 |
| consommations intermédiaires | 中間消費 |
| contribution sociale généralisée, CSG | 一般社會捐 |
| convention comptable | 會計準則 |

| | |
|---|---|
| convergence conditionnelle | 相對趨同 |
| convergence inconditionnelle | 絕對趨同 |
| cotisation patronale | 雇主負擔 |
| cotisation salariale | 薪資扣繳 |
| cotisation sociale | 社會福利扣繳 |
| crédit d'impôt | 租稅抵扣額 |
| Déclaration annuelle des Données Sociales, DADS | 社會統計年報 |
| dépense publique | 公共支出 |
| dépense sociale | 社會／社會福利／社會性支出 |
| dépenses interposées | 政府採取介入行為產生的支出 |
| dépréciation du capital | 資本減損 |
| désindutrialisation | 去工業化 |
| dividende | 股利 |
| dotation initiale | （資本）期初投入額 |
| droit de grève | 罷工權 |
| Earned Income Tax Credit, EITC | 勞務所得租稅抵減制度 |
| écart de revenu | 所得差距 |
| écart de salaire | 薪資差距 |
| echelle d'ajustement | 調整尺 |
| echelle d'équivalence | 換算尺 |
| école polytechnique | 綜合理工學院 |
| effet d'externalités locales | 地方外部性效果 |
| efficace | 符合經濟效率、有效 |
| egoïste | 利己主義 |
| élasticité de l'offre du capital | 資本供給彈性 |
| élasticité de substitution entre capital et travail | 資本／勞動替代彈性 |

| | |
|---|---|
| élitisme républicain | 法蘭西菁英主義 |
| emprunteur potentiel | 申貸人 |
| enquête "Budget de famille" | 家庭收支調查 |
| espérance de vie | 平均餘命 |
| excédent brut d'exploitation, EBE | 經營利潤毛額 |
| expérience naturelle | 自然試驗 |
| facteur de production | 生產要素 |
| fédéralisme fiscal | 財稅聯邦主義 |
| fiscalité "méditerranéenne" | 「地中海式」稅制 |
| flat tax | 均一稅 |
| fonction de production agrégée | 總合生產函數 |
| fonction de production Cobb-Douglas | 柯布—道格拉斯生產函數 |
| fond de pension | 年金基金 |
| franchise | 自負額 |
| Grameen Bank | 鄉村銀行 |
| grande école | 高等學院 |
| grille de salaires | 薪資標準（表） |
| habitude de travail | 工作熟練度 |
| impôt direct | 直接稅 |
| impôt indirect | 間接稅 |
| impôt négatif | 負所得稅 |
| impôt progressif sur le revenu | 累進所得稅 |
| impôt progressif sur les successions | 累進遺產稅 |
| impôt sur le revenu | 所得稅 |
| impôt universel | 一般稅 |
| incidence fiscale | 租稅歸宿 |
| incitation | 誘因、意願 |

| | |
|---|---|
| indicateur d'Atkinson | 艾金森指數 |
| indicateur de Theil | 泰爾指數 |
| inefficace | 欠缺經濟效率 |
| inégalité | 不平等、不均 |
| intégration sociale | 社會融合 |
| intérêt | 利息 |
| intermédiaire financier | 金融中介機構 |
| intervention | 介入 |
| interventionnisme | （政府或國家的）介入主義 |
| la théorie de la convergence | 趨同理論 |
| la théorie du crédit parfait | 完全信貸市場理論 |
| libertaires de gauche | 左派放任自由主義者 |
| L'Institut national de la statistique et des études économiques, INSEE | 法國國家統計與經濟研究院 |
| loyer | 租金 |
| Luxembourg Income Study, LIS | 盧森堡所得研究中心 |
| marché d'assurance | 保險市場 |
| marché du crédit | 信貸市場 |
| marché intertemporel | 跨期市場 |
| marginaliste | 邊際學派 |
| masse salariale | 薪資總額 |
| matraquage fiscal | 財稅敲詐 |
| maximin | 最大化最小值原則 |
| minimaliste | 最小限政府 |
| minimum vieillesse | 最低養老金 |
| mobilité intergénérationnelle | 世代間的（社會）流動 |
| monétaire | 金錢給付的、貨幣形式的 |

| monopoly | 獨占 |
|---|---|
| monopsone | 買方獨占 |
| moyen de production | 生產工具 |
| niveau d'emploi | 就業水準 |
| non qualifié | 低階／低教育程度的 |
| offre | 供給 |
| Organisation de Coopération et Développement Économique, OCDE；Organisation for Economic Co-operation and Development, OECD | 經濟合作暨發展組織 |
| outil de la redistribution | 重分配工具 |
| ouvrier | 工人 |
| Panel Study of Income Dynamics, PSID | 國民收支動態追蹤調查研究 |
| partage capital/travail | 勞資所得相對占比 |
| pension | 年金 |
| pénurie | 物資短缺 |
| placement collectif | 集資投資 |
| planification centralisée | 中央集權式的計畫經濟 |
| population active | 勞動年齡人口 |
| pouvoir d'achat | 購買力 |
| prélèvement | 稅捐、稅收 |
| prélèvement proportionnel | 比例稅 |
| préstation sociale | 社會補助 |
| prêt subventionné | 政府補助貸款 |
| prime | 獎金 |
| processus de production | 生產過程 |
| productivité marginale | 邊際生產力 |
| produit intérieur brut, PIB | 國內生產毛額 |

| | |
|---|---|
| produit national brut, PNB | 國民生產毛額 |
| professeur agrégé | 國家高等教師考試合格教師 |
| profit | 利潤 |
| profit retenu | 保留盈餘、未分配利潤 |
| protection sociale | 社會安全制度 |
| provision | 準備金 |
| qualification | 教育程度、學歷 |
| qualifié | 高階／高教育程度的、經過訓練的 |
| quotient familial | 家庭商數 |
| rationnement | 配給制 |
| rationnement du crédit | 信貸決策 |
| redistribution | 重分配 |
| redistribution directe | 直接重分配 |
| redistribution efficace | 有效重分配 |
| redistribution en nature | 實物重分配 |
| redistribution fiscale | 租稅重分配 |
| redistribution pure | 單純重分配 |
| remboursement de la dette sociale, RDS | 社會債償還捐 |
| rendement | 報酬 |
| rentier | 收租者 |
| répartition factorielle des revenus | 所得的要素別分布 |
| répartition personnelle des revenus | 所得的人別分布 |
| retraite | 退休金 |
| revenu d'activité | 就業所得 |
| revenu de citoyenneté | 公民所得 |
| revenu disponible des ménages | 家庭可支配所得 |
| revenu du capital | 資本所得 |

| | |
|---|---|
| revenu du travail | 勞務所得 |
| revenu fiscal | 稅收 |
| revenu minimum de citoyenneté | 公民基本所得 |
| revenu minimum d'insertion, RMI | 最低生活救濟金 |
| revenu national | 國民所得 |
| revenu primaire | 原始所得 |
| revenu social | 社會福利所得 |
| salaire | 薪資、工資 |
| salaire d'efficience | 效率工資 |
| salaire minimal fédéral | 聯邦最低薪資 |
| salaire minimal légal | 法定最低薪資 |
| salaire minimum interprofessionnel de croissance, SMIC | 法定最低薪資 |
| salaire nominal | 名目薪資 |
| salaire réel | 實質薪資 |
| salarié | 受薪者、受雇者 |
| salarié intermittent | 短期勞工 |
| secteur privé | 私部門 |
| secteur public | 公部門 |
| séries | 資料序列 |
| service aux entreprises | 企業服務 |
| service aux particuliers | 個人服務 |
| skill-biased technological change; changement technique biaisé | 技能偏向型的技術變遷 |
| société assurantielle | 保險型社會 |
| société patrimoniale | 世襲社會 |
| solitaire | 具有社會連帶精神的 |
| sous-emploi | 低度就業 |

| Statistique Générale de la France，SGF | 法國統計總覽 |
|---|---|
| substitution capital/travail | 資本／勞動替代 |
| sursalaire | 津貼 |
| surtaxe | 附加稅 |
| syndicalisation | 工會化 |
| système de prix | 價格體系 |
| système public de retraite par répartition | 分配性的公共退休金制度（即美國所謂隨收隨付制，pay-as-you-go pension system，PAYGO） |
| taux de couverture sydicale | 工會覆蓋率 |
| taux de rémunération du capital | 資本報酬率 |
| taux d'épargne | 儲蓄率 |
| taux marginal effectif | 實質邊際稅率 |
| taux marginal supérieur | 超額邊際稅率 |
| taux marginal unique | 單一邊際稅率 |
| taux moyen effectif | 實質平均稅率 |
| taxe d'habitation | 居住稅 |
| taxe sur la valeur ajoutée, TVA | 商業增值稅 |
| temps partiel | 兼職 |
| temps partiel subi | 非自願兼職 |
| théorie de la croissance endogène | 內生成長理論 |
| transfert | 移轉性支付、移轉性所得、移轉金 |
| transfert fiscal | （以稅收為財源的）移轉性支付、移轉性所得、移轉金 |
| transfert social | 社會福利移轉金 |
| trappe à pauvreté | 貧窮陷阱 |
| trappe à revenu moyen | 中產階級的陷阱 |
| trappes à bas salaires | 低薪者陷阱 |

| | |
|---|---|
| travail | 勞動、勞力 |
| travailleur indépendant | 自營事業者 |
| ultra-libéralisme | 極端自由主義 |
| valeur ajoutée | 增值 |
| volume d'emploi | 就業量 |
| World Top Incomes Database, WTID | 全球高所得資料庫 |

藍 書系

知識共同體 20

# 不平等的經濟學

L'économie des inégalités

| 作者 | 托瑪・皮凱提（Thomas Piketty） |
| --- | --- |
| 譯者 | 陳郁雯 |
| 總編輯 | 莊瑞琳 |
| 責任編輯 | 吳崢鴻 |
| 封面設計 | 廖韡 |
| 排版 | 藍天圖物宣字社 |
| 社長 | 郭重興 |
| 發行人兼出版總監 | 曾大福 |
| 出版 | 衛城出版 |
| 發行 | 遠足文化事業股份有限公司 |
| 地址 | 23141 新北市新店區民權路 108-2 號九樓 |
| 電話 | 02-22181417 |
| 傳真 | 02-86671065 |
| 客服專線 | 0800-221029 |
| 法律顧問 | 華洋國際專利商標事務所 蘇文生律師 |
| 印刷 | 盈昌印刷有限公司 |
| 初版 | 2016 年 6 月 |
| 定價 | 260 元 |

不平等的經濟學 / 托瑪・皮凱提（Thomas Piketty）著；陳郁雯
譯. – 初版. – 新北市:衛城出版:遠足文化發行, 2016.06
　面；　公分. – （藍書系；20）
譯自:L'économie des inégalités
ISBN 978-986-92113-7-6（平裝）

1.分配 2.平等 3.市場經濟

551.8　　　　　　　　　　　　　　105005983

L'ÉCONOMIE DES INÉGALITÉS by Thomas Piketty
Copyright © Éditions La Découverte, Paris, France, 1997, 2015 (www.editionsladecouverte.fr)
Chinese translation copyright © 2016 by Acropolis, an imprint of Walkers Cultural Enterprise Ltd.
ALL RIGHTS RESERVED.

ACRO
POLIS

衛城
出版

Email　　acropolis@bookrep.com.tw
Blog　　www.acropolis.pixnet.net/blog
Facebook　www.facebook.com/acropolispublish

● 親愛的讀者你好，非常感謝你購買衛城出版品。
我們非常需要你的意見，請於回函中告訴我們你對此書的意見，
我們會針對你的意見加強改進。

若不方便郵寄回函，歡迎傳真回函給我們。傳真電話—— 02-2218-1142

或是上網搜尋「衛城出版部落格」到部落格填寫回函
www.acropolis.pixnet.net/blog

● 讀者資料

你的性別是　□ 男性　□ 女性　□ 其他

你的職業是 _____　你的最高學歷是 _____

年齡　□ 20 歲以下　□ 20-30 歲　□ 30-40 歲　□ 50-60 歲　□ 60 歲以上

若你願意留下 e-mail，我們將優先寄送_____衛城出版相關活動訊息與優惠活動

● 購書資料

● 請問你是從哪裡得知本書出版訊息？（可複選）
□ 實體書店　□ 網路書店　□ 報紙　□ 電視　□ 網路　□ 廣播　□ 雜誌　□ 朋友介紹
□ 參加講座活動　□ 其他_____

● 是在哪裡購買的呢？（單選）
□ 實體連鎖書店　□ 網路書店　□ 獨立書店　□ 傳統書店　□ 團購　□ 其他_____

● 讓你燃起購買慾的主要原因是？（可複選）
□ 對此類主題感興趣　　　　　　　　　□ 參加講座後，覺得好像不賴
□ 覺得書籍設計好美，看起來好有質感！　□ 價格優惠吸引我
□ 議題好熱，好像很多人都在看，我也想知道裡面在寫什麼　□ 其實我沒有買書啦！這是送（借）的
□ 其他_____

● 如果你覺得這本書還不錯，那它的優點是？（可複選）
□ 內容主題具參考價值　□ 文筆流暢　□ 書籍整體設計優美　□ 價格實在　□ 其他_____

● 如果你覺得這本書讓你好失望，請務必告訴我們它的缺點（可複選）
□ 內容與想像中不符　□ 文筆不流暢　□ 印刷品質差　□ 版面設計影響閱讀　□ 價格偏高　□ 其他_____

● 大都經由哪些管道得到書籍出版訊息？（可複選）
□ 實體書店　□ 網路書店　□ 報紙　□ 電視　□ 網路　□ 廣播　□ 親友介紹　□ 圖書館　□ 其他_____

● 習慣購書的地方是？（可複選）
□ 實體連鎖書店　□ 網路書店　□ 獨立書店　□ 傳統書店　□ 學校團購　□ 其他_____

● 如果你發現書中錯字或是內文有任何需要改進之處，請不吝給我們指教，我們將於再版時更正錯誤

_____
_____
_____
_____
_____

廣　告　回　信
臺灣北區郵政管理局登記證
第　1　4　4　3　7　號
請直接投郵．郵資由本公司支付

23141
新北市新店區民權路108-2號 9 樓

**衛城出版** 收

請

沿

虛

● 請沿虛線對折裝訂後寄回, 謝謝!

線

剪

下

ACRO
POLIS
衛城
出版

藍
書系
知識共同體

經濟學
的
不平等

L'économie des inégalités
Thomas Piketty

托馬・皮凱提——著　陳郁雯——譯

ACRO
POLIS
衛城
出版

ACRO
POLIS

衛城
出版